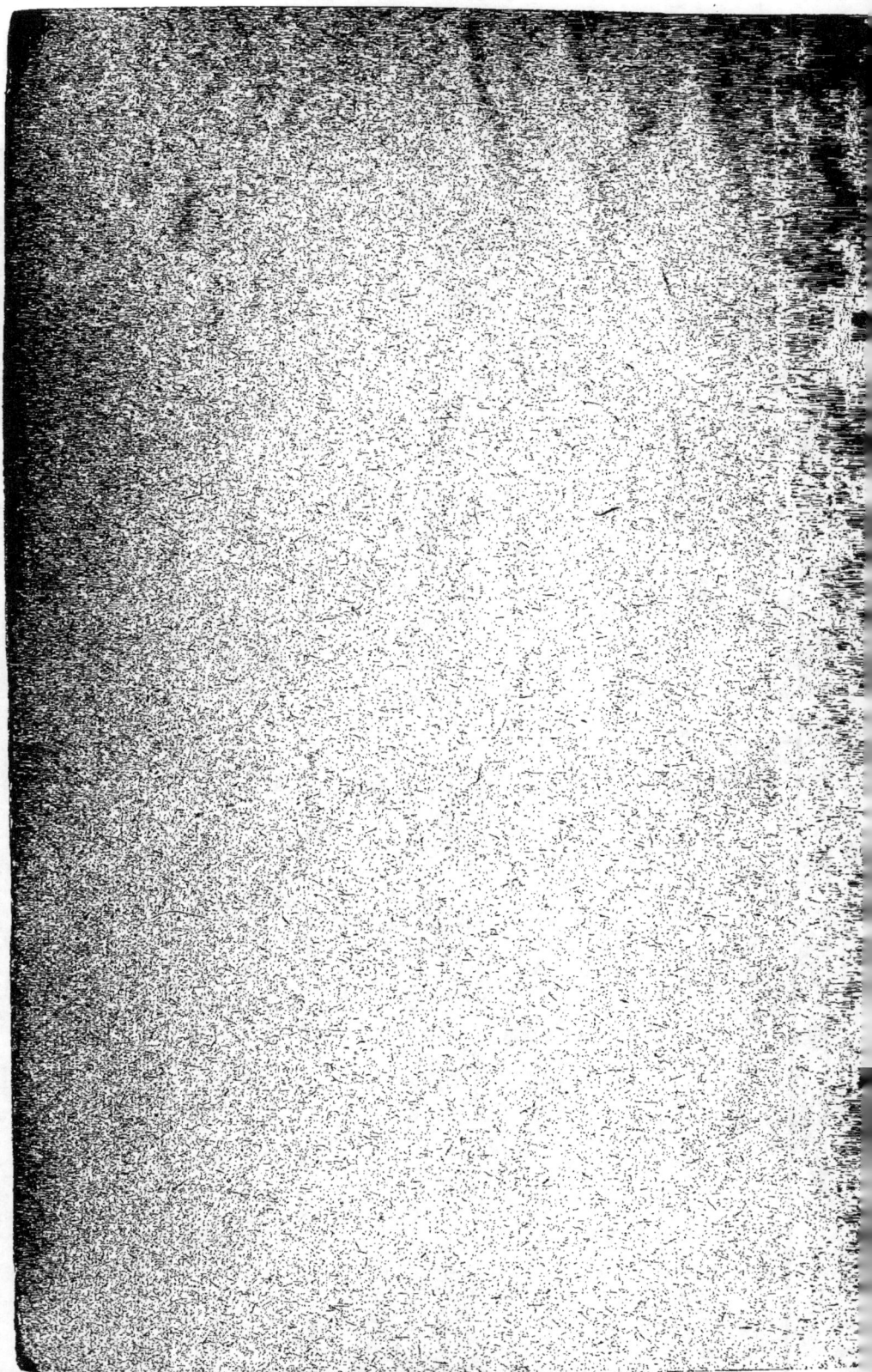

CATALOGUE

DE

TABLEAUX

DES DIFFÉRENTES ÉCOLES;

Gouasses, Dessins, Estampes, Terres-cuites, Figures en Bronze, Porcelaines, Tables de Marbre à pieds dorés, & autres objets de curiosité :

Dont la Vente se fera le 30 Novembre 1778, & jours suivans, rue S. Honoré, à l'Hôtel d'Aligre.

Les objets se verront le Samedi 28 & le Dimanche 29, depuis 10 heures jusqu'à 2, & le matin de chaque jour de Vente.

1778

Le présent Catalogue se distribue,

A PARIS,

Chez { M. CHARIOT, Huissier-Priseur , quai de la Mégisserie.
P. A. PAILLET , Peintre , à l'Hôtel d'Aligre.

AVERTISSEMENT.

LA plus grande partie des Tableaux dont ce Catalogue annonce la Vente, font du choix le plus agréable, & des meilleurs Maîtres Hollandois & Flamands. L'Ecole Françoife, moins nombreufe, y tient auffi le rang le plus diftingué : les Tableaux, Deffins, Gouaffes & Eftampes font en bon état, & dans de belles Bordures dorées.

A ij

CATALOGUE
DE
TABLEAUX

DES DIFFÉRENTES ÉCOLES;

Gouasses, Dessins, Estampes, Terres-cuites, Figures en Bronze, Porcelaines, Tables de Marbre à pieds dorés, & autres objets de curiosité.

RÉDIGÉ PAR VACATIONS.

PREMIERE VACATION.

PATEL, le Pere.

Peint sur toile, large. 17 pouces, haut 13.

1. UN beau Paysage & Ruines d'Architecture ; à gauche est une riviere formant cascade; dans le lointain, un pont des fabriques & montagnes: ce tableau très-riche dans les détails, & de la plus grande finesse, est orné de plusieurs belles figures & animaux

A iij

ANTOINE WATTEAU.

Peint fur bois , large 17 pouces , haut 11.

1. Une compagnie d'Hommes & de Femmes , qui fe repofent dans un endroit champêtre ; ce tableau, d'une extrême fineffe & d'une harmonie parfaite de couleur , peut être mis au nombre des meilleurs Tableaux de ce Maître.

HALLÉ, en 1763.

Peint fur toile , large 9 pouces , haut 7.

3. Deux Pendans, repréfentans différens fujets paftorales , avec fond de Payfage.

J. B. LEPRINCE.

Peint fur toile , large 24 pouces , haut 20.

4. Deux différents fujets paftorales en grifaille , projets pour des Tableaux, qui ont été exécutés en tapifferie.

DE MACHY.

Peint fur toile , haut 12 pouces , large 9.

5. Une Vue du côté des voûtes du Palais ; à la gauche de ce Tableau , l'on voit un cheval & un bœuf à un ratelier , & un homme qui leur donne à manger : ce morceau , bien peint , eft d'un effet piquant & jufte.

HONORÉ FRAGONARD.

Peint fur toile, haut 36 pouces, large 30.

6. Un Géolier ouvrant la porte d'une prifon ; étude très-chaudement ébauchée.

Peint fur toile, large 15 pouces, haut 12.

7. Trois Enfans, dont un repréfente la Folie, efquiffe en plafond, librement touchée, & d'un beau ton de couleur.

BRENET.

Peint fur toile, haut 21 pouces, large 13.

8. Diane de retour de la Chaffe ; ce tableau, bien peint & d'un bon ton de couleur, eft de forme ovale.

THÉOLON.

Peint fur bois, haut 9 pouces, large 7.

9. Deux Pendans, repréfentans différentes vues de Jardins ; chacun eft orné de plufieurs jolies figures de femmes ; l'un eft au foleil couchant, l'autre une matinée.

RAGUENET.

Peint fur toile, large 12 pouces, haut 9.

10. Deux différentes Vues de Paris, du côté de

A iv

Seine ; chacune eſt ornée de quantité de figures & de pluſieurs bateaux.

M A Y E R.

Peint ſur toile , haut 15 pouces , large 14.

11. Deux Pendans, repréſentans des Payſages , ſites
montagneux ; l'on voit dans chacun , différens
animaux ; dans l'un un Pâtre careſſe un mouton ,
dans l'autre un homme endormi ; ces tableaux ,
d'une excellente couleur, ſont auſſi d'une touche
légere & de goût.

N O R B L I N.

Peint ſur bois , haut 7 pouces , large 5.

12. Une jeune Dame ajuſtée d'une robe bleue ,
coëffée d'un chapeau , & appuyée ſur une can-
ne ; le fond eſt un Payſage au ſoleil couchant.

LE CHEVALIER DE LORGE.

13. L'Amour couronné de roſes , & tenant une co-
lombe : ce charmant morceau eſt peint au paſtel.

C H A L O N.

Peint ſur toile , large 12 pouces , haut 8.

14. Deux Pendans, repréſentans différens Payſages;
dans chacun eſt une riviere & diverſes figures.

LE VIEUX BREUGEL.

Peint fur cuivre , large 13 pouces , haut 10.

15. La defcente d'Énée aux Enfers ; ce Tableau , d'un grand détail & fingulier de compofition, eft rendu avec beaucoup de fineffe.

PIERRE NEFS.

Peint fur toile , large 19 pouces , haut 15.

16. L'intérieur de la Cathédrale d'Anvers , très-beau Tableau orné de quantité de figures bien diftribuées & touchées avec efprit.

JEAN BREUGEL, dit de Velours.

Peint fur cuivre , large 3 pouces , haut 4 & demi.

17. Un joli Payfage & des lointains ; l'on y voit plufieurs figures , dont un homme qui conduit un âne.

VAN DERMEULEN.

Peint fur toile , large 24 pouces , haut 15.

18. Un Payfage , fur le devant duquel eft un choc de Cavalerie , & dans le lointain de hautes montagnes ; ce Tableau, rempli d'action, eft chaud de couleur.

DAVID TENIERS.

Peint fur bois , diametre 8 pouces.

19. L'intérieur d'une chambre de Payfans , dans la

quelle on compte cinq figures, dont la principale
eſt un homme d'une figure grotefque, aſſis ſur un
billot, allumant ſa pipe; plus loin eſt une vieille
femme appuyée ſur un tonneau; quelques uſtenſiles de ménage ſont diſtribués dans ce Tableau,
qui eſt d'un ton de couleur doré & tranſparent.

PHILIPPE WOUVERMANS.

Peint ſur bois, haut 16 pouces & demi, large 15.

20. Deux hommes près d'un grouppe d'arbres; l'un
eſt occupé à faire boire un cheval, l'autre, qui a
une tocque rouge, eſt aſſis : plus loin, un Cavalier
& une chaumiere; à gauche, des lointains de dunes
éclairées du ſoleil. Ce Tableau, d'un très-beau ton
de couleur, eſt d'une touche ferme & ſavante.

PIERRE WOUVERMANS.

Peint ſur bois, large 17 pouces, haut 12 & demi.

21. Un terrein élevé & ſablonneux, à la gauche
duquel eſt un chemin où paſſe un homme habillé
de rouge, ſuivi de ſon chien, & à gauche un cheval qui boit dans un lac; quelques chaumieres en
plan coupé & des montagnes, terminent le fond
de ce Tableau, dans lequel le ſoleil reflete parfaitement.

BARTHOLOMÉ BRENBERG.

*Peint ſur bois, large 9 pouces & demi,
haut 8 & demi.*

22. Des Ruines de Monumens de Rome, placés

fur une hauteur ; à droite, des lointains, & fur le devant, un terrein vigoureux de couleur, où M. Vernet a placé une figure d'homme qui fe repofe.

CORNEIL POELINBURG.

Peint fur bois, large 15 pouces, haut 12.

23. Un Payfage d'Italie, orné de belles Ruines d'Architecture & de Fabriques : fur le devant paffe une riviere dans laquelle plufieurs femmes fe baignent ; ce Tableau, très-fin de touche, eft auffi d'un bel émail de couleur.

Peint fur bois, haut 17 pouces, large 13.

24. L'Adoration des Rois ; riche compofition, & d'une belle ordonnance.

J. WINANTS.

Peint fur bois, large 13 pouces, haut 10.

25. Un Payfage, au milieu duquel font deux arbres ; à droite, une riviere & un pont : la gauche eft entierement occupée par un terrein élevé & fablonneux, où l'on voit une haie ; des touffus d'arbres & des lointains de montagnes terminent le fond de ce Tableau, qui eft touché avec beaucoup de goût & vigoureux de couleur.

JACQUES RUISDAAL.

Peint fur toile, large 17 pouces, haut 15.

26. Un terrein élévé, à la droite duquel tourne un

chemin qui conduit à des lointains de dunes, frappés d'un coup de lumiere très-piquant ; deux maisons de Bucherons & un ciel clair, terminent le fond de ce bon Tableau.

J. RUISDAAL.

Peint sur bois, large 26 pouces, haut 22.

27. Un Payfage, dont le milieu préfente un grand chemin qui conduit à quelques maifons de Payfans, & à gauche un grouppe d'arbres. Ce Tableau, orné de figures, eft d'un ton de couleur très-chaud.

PIERRE GUESSE.

Peint sur bois, large 12 pouces, haut 9.

28. Deux différentes Vues de Flandres ; l'une eft prife du côté du Canal de Bruxelles ; l'autre eft un grand chemin où paffent plufieurs chariots, & quantité de perfonnages. Ces deux Tableaux font clairs & amufans par les détails.

DE VLIGER.

Peint sur bois, large 18 pouces, haut 15.

29. Une Vue de Mer, & plufieurs Barques sur le devant ; l'on en voit une où des Pêcheurs font occupés à retirer un filet de l'eau.

VAN ARTOIS.

Peint sur bois, large 19 pouces, haut 15.

30. Un Payfage dont le milieu eft occupé par un grand chemin où paffent un homme & une femme.

REGNIER BRACKENBURG.

Peint fur bois, hauteur 8 pouces & demi, largeur 6 & demi.

31 Deux Tableaux pendans, l'un repréfente une vieille Femme affife près d'une table fur laquelle font deux facs d'argent & des papiers, qu'elle montre à un jeune-homme & une jeune-fille, qui fe tiennent fous le bras. L'autre eft un fujet différent, mais dans le même genre.

SALOMON RUISDAAL.

Peint fur bois, large 12 pouces, haut 13.

32 Une chaumiere, des haies & barques; fur le devant, l'on voit trois figures de Payfans, & dans l'éloignement un clocher, & des touffes d'arbres.

DIRICK VAN DEN BERGUEN.

Peint fur toile, large 17 pouces, haut 14.

33 Une jeune Payfanne affife dans une prairie, & gardant des Vaches, dont une blanche eft couchée; différens autres bétails font diftribués dans ce tableau, qui eft un des bons de ce Maître.

HEMSKERCK.

Peint fur toile, large 19 pouces, haut 15.

34 L'intérieur d'une chambre de Payfan; l'on en voit cinq autour d'une table qui jouent au Tric-

trac , & à droite une Femme alaite son Enfant :
ce Tableau , dans lequel il y a de la vérité , est
un des bons de ce Maître.

ZEMAN.

Peint sur toile, large 19 pouces, haut 11.

35. La vue d'un grand pont sur la riviere, & des
lointains de montagnes ; plusieurs figures touchées
avec esprit, parmi lesquelles des chevaux que
l'on mene boire.

JEAN MOLNAERT.

Peint sur bois, haut 15 pouces, large 11.

36. Un sujet de trois figures, dont un Vieillard
près d'une table, qui tient plusieurs bourses d'argent.

LÉ PETIT RUBEINS.

Peint sur toile, large 15 p. & demi, haut 12 & demi.

37. Deux Batailles de Turcs ; ces deux morceaux,
dans lesquels il y a beaucoup d'action, sont
les meilleurs que l'on puisse trouver de ce Maître.

CASKIEL.

Peint sur toile, large 21 pouces, haut 16.

38. Une ancienne vue de Paris, du côté du Pont
neuf : ce Tableau est orné d'une grande quantité
de figures & de bateaux remplis de monde.

DIFFERENS MAITRES.

39. La vue d'un pont, fur lequel eft une colonne formant une fontaine, & en fecond plan, un grand rocher & des arbres.

40. Un fujet paftoral d'après Boucher.

40. *bis.* Vue du Campo Vaccino, & quantité de figures, large 16 pouces, haut 13, peint fur toile.

41. Plufieurs grouppes d'Enfans qui foutiennent des Guirlandes de fleurs ; fujet de plafond, par Noblet.

42 Un Payfage, où paffe une riviere ; l'on y voit des Pêcheurs qui conduifent leurs bateaux ; ce Tableau eft dans le genre de Ruifdaal.

43. Deux pendans, par Verduffen ; l'un repréfente les Ruines d'un Eglife Gothique, & l'autre les ruines d'un Temple.

44. Un Payfage & Ruines, par le même; M. Lagrenée le jeune y a placé trois figures qui caufent enfemble.

45. Une Foire de Village, par Caskiel, large 15 pouces, haut 12.

46. Une voûte foutenue d'un côté par une colonne. On y voit plufieurs hommes, un âne, & plus loin, un enfant; ce Tableau eft dans le genre du Bourdon : large 15 pouces, haut 12.

47. Des Rochers baignés d'une riviere ; dans le lointain on apperçoit un Château fort & le clocher d'un Village, large 12 pouces, haut 9.

48. Deux Payfages & figures ; l'un, dans le genre d'Armand d'Italie ; l'autre, dans la maniere du Gafpre : large 20 pouces, haut 15.

49. Deux autres Payſages, forme ovale, largement touchés, dans le genre Italien ; dans l'un eſt une chaſſe au cerf : large 32 pouces, haut 27.

50. Deux autres Payſages & Animaux, copiés d'après Teniers.

DEUXIEME ET TROISIEME VACATIONS.

GOUASSES ET DESSINS

Montés ſous verre & dans des bordures dorées.

51. Deux pendans précieuſement peints à gouaſſe, dans le goût de Verner : ils repréſentent diffé-rens ſujets d'hiſtoire avec fond de payſage.

52. Deux payſages & vues de riviere; chacun de ces jolis morceaux peints par Rood, ſont ornés de figures.

53. Un chien barbet qui aboye après un chat : ce petit morceau, forme ronde, eſt par Beaudoin.

54. Deux jolis morceaux à gouaſſe, ſujets Paſto-rales, par Barbier.

55. L'intérieur d'un boudoir, dans lequel on voit une jolie Femme endormie ſur un ſopha ; ce morceau très-agréable eſt peint à gouaſſe, par Lavreins, haut 11 pouces, large 8.

56. Deux morceaux à gouaſſe par Pérignon ; dans l'un ſont pluſieurs Moutons & fond de payſage, l'autre eſt une étude de maiſon de Payſans & Fa-brique.

57. Deux

57. Deux différens Oiseaux, par Agricola.

58. Deux autres, par le même.

59. Un Paysage, & Fabrique librement peint à gouasse, par Moreau.

60. Un autre morceau de forme ovale, par le même.

61. Deux jolis Paysages, à gouasse, par Reyser.

62. Deux différens bouquets de Fleurs, peints à gouasse, par Prévost le jeune ; dans l'un est un nid d'Oiseaux.

63. Un sujet d'histoire, très-beau dessin à la sanguine, par G. Laîresse.

64. Un bas-relief, dans le genre antique, par le même.

65. Deux très-jolis dessins, Paysages & Marines, à la pierre noire sur papier blanc, & lavé à l'encre de la Chine, par J. Vernet.

66. Deux précieux dessins, à la mine de plomb, par Eisen, & les deux gravures collées sur la même feuille.

67. Un très-beau dessin, légerement colorié, par Larue ; il représente des hommes & des chevaux dans une écurie.

68. Le Clistere, dessin très-spirituel, de touche, qui est à la plume, lavé de sanguine, par François Boucher.

69. Une composition de trois figures d'Hommes, très-joli dessin à la plume, lavé au bistre, par le même.

70. Une étude de trois figures, sur papier gris, à la pierre noire & rehaussé de blanc, par le même.

71. Un repos en Egypte, & dans le haut, une gloire de Chérubins qui soutiennent des Guirlandes de fleurs ; ce dessin est lavé au bistre, sur papier blanc, par M. Vien.

B

72. Narciffe, très-beau deffin, lavé au biftre, fur papier blanc, par Louis Lagrenée.

73. Une fête de Village & amufement Ruffe, très-beau deffin, par J. B. le Prince.

74. Trois beaux deffins, par le même, repréfentans différens amufemens de Gens, dans le coftume Ruffe : ils font fur papier blanc, & feront vendus féparément.

75. Une Tête de vieille Femme, très-belle étude, lavée au biftre, fur papier blanc, par Fragonard.

76. Un Bufte d'Homme, même genre que le précédent, par Fragonard & Vincent.

77. Plufieurs jeunes Filles dans une chambre & couchées fur des lits ; elles paroiffent fe garantir de l'eau que l'on leur feringue par une trappe : ce deffin, d'une compofition plaifante & ingénieufe, eft lavé au biftre, fur papier blanc, par Fragonard.

78. Deux jolis deffins, fur papier blanc & légerement coloriés, par Robert : dans l'un, font des Blanchiffeufes ; dans l'autre, deux Femmes & des Enfans, dont un eft pourfuivi par un Chien.

79. La vue intérieure d'un monument de Rome, deffin à la fanguine, par le même.

80. Un grand arbre, & dans le fond un monument d'architecture, lavé à la fanguine, fur papier blanc, par le même.

81. Une grange & des arbres ; ce deffin, par Perignon, eft lavé à l'encre de la Chine, fur papier blanc.

82. Jofeph & Putiphar ; ce deffin, par M. Beaufort, eft lavé au biftre, rehauffé de blanc, fur papier jaune.

83. L'Amour conduit par la Folie : l'on voit der-

riere eux une Ville enflammée ; ce deſſin eſt lavé à l'encre de la Chine, ſur papier blanc, par Bonnieu.

84. Une famille dont la mere fait danſer un enfant ſur ſes genoux, deſſin au crayon noir, ſur papier gris, par le même.

85. Un joli croquis à la pierre noire, ſur papier blanc ; il repréſente une jeune fille liant un bouquet de fleurs : ce deſſin eſt auſſi du même.

86. Un Sujet paſtoral, légérement colorié, par J. B. Huete.

87. Deux Sujets de Bacchanales : ces deux deſſins, d'une compoſition ſavante & d'un grand effet, ſont à la pierre noire & lavés au biſtre, par Vincent.

88. Pigmalion : ce deſſin, rempli d'action, eſt lavé au biſtre, ſur papier blanc, par Mouette.

89. Pluſieurs études d'oiſeaux & fleurs, qui ſeront diviſées.

90. Trois différens deſſins, payſages, par Michel, & ornés de pluſieurs belles figures & animaux, par M. de Machy.

91. Un ſujet allégorique, deſſiné à la plume, & lavé au biſtre, ſur papier blanc, par le Parmeſan.

92. Pluſieurs Pêcheurs au bord de la mer, deſſin lavé à l'encre de la Chine, ſur papier blanc.

93. Un deſſin d'architecture, & un croquis à la ſanguine.

94. Deux deſſins forme de friſe & légérement coloriés, par Larue ; ils repréſentent des jeux d'enfans.

95. Une fête de Village, par Mayer, deſſin à la pierre noire, ſur papier blanc.

B ij

96. Plufieurs Enfans , deffins à la plume , fur papier blanc , par Sauvage.

97. Une figure d'Amphitrite , deffinée à la mine de plomb , fur vélin.

98. Silene yvre , deffiné de la même maniere , par W. Mieris.

99. Quatre différens Payfages & Marines , lavés à l'encre de la Chine , par Sarazin.

100. Un deffin d'architecture & colorié , par Boucher , le fils.

101. Deux différentes vues de mer , & plufieurs vaiffeaux deffinés à la plume , fur papier blanc , & lavés à l'encre de la Chine , par Rood.

102. Une vue de l'Hôtel-de-Ville de Leyde , lavée à l'encre de la Chine , fur papier blanc , par de Beyer.

103. Deux vues de Rome , l'une la nouvelle églife des Chartreux , l'autre les reftes du petit acqueduc , près Saint Jean-de-Latran , à la porte de Naples ; ils font lavés au biftre , fur papier blanc , par Belanger.

104. Une vue des trois Fontaines de Rome , près d'Oftie , par le même.

105. Un grouppe de deux Enfans qui fe battent pour des raifins , deffin à la pierre noire , fur papier gris , & figné Boucher.

106. La Vierge & l'Enfant Jefus , deffin à la fanguine , par un Graveur.

107. La vue du temple de la Sibille , à Thivoly ; ce deffin , par Belanger , eft à la plume & colorié.

108. Six deffins , par Lantara & un Allemand : ils feront divifés.

109. Un Payfage lavé au biftre , fur papier blanc , genre de Verotter.

110. Douze deſſins , ſujets de batailles , payſages & marines , par Tonnay, Sarazin & autres.

111. Quatre deſſins en feuilles , par Boucher , Desfriche , & autres.

112. Pluſieurs deſſins en feuilles, qui feront diviſés.

113. Pluſieurs portraits , en paſtel, de Louis XV. Mme. de Pompadour , & différentes têtes de fantaiſies , qui ſeront diviſés.

114. Quatre petits tableaux , médaillons en écaille dorée.

115. Pluſieurs animaux découpés & peints à l'huile, ſur fer blanc , qui ſeront diviſés.

ESTAMPES ſous verre , & dans des cadres dorés.

116. La réſurrection du Lazare , d'après Rubens , par Bolſwert.

117. Vénus & Danaé , d'après le Titien , par Robert Strange , belle épreuve.

118. La Vierge & l'Enfant , d'après le Guide , par le même.

119. Sainte Genevieve , par Balechou , très-belle & première épreuve.

120. La même eſtampe , auſſi belle épreuve.

121. La tempête , d'après Vernet , gravée par le même.

122. Sujet d'hiſtoire , gravé à Londres , en maniere noire , par Valgreen.

123. L'éducation paternelle , d'après Terburg , par Wille.

124. La reddition de Calais , en 1347 , gravée à Londres.

125. Quatre des Ports , d'après Vernet, par Cochin & Lebas.

126. Les Pêcheurs des Monts-Pirénées , & les amans à la pêche , d'après le même , par Leveau.

127. Les œufs caffés , d'après Greufe, par Mouette.

128. Les Écoffeufes, & le Pere de Famille , d'après le même , par Lebas & Martenazi.

129. L'accordée de Village , avant la lettre , belle épreuve , dans une riche bordure.

130. Les quatre Saifons , d'après Boucher , par Daullé.

131. Le portrait de Louis XIV. & celui de Louis XV. par Drevet.

132. Cinq eftampes , dont le portrait du Prince dé Condé , le couronnement de Louis XVI. gravées en couleurs , & autres.

133. Quatre eftampes imprimées en rouge , gravées à Londres.

134. Le repas des Moiffonneurs , d'après Wille , gravé en couleur , par Janinet.

FIGURES ET BRONZES.

135. Un Hercule , & pour pendant une Hebé ; ces deux beaux morceaux , bien reparés , portent 18 pouces de haut , compris les focles de bois dorés.

136. Deux différentes figures de Femmes , & un Soldat Romain.

137. Un Amphitrite & un Jupiter , chacun fur un focle de bois noirci.

138. Une figure d'Homme qui fe retire une épine du pied : ce joli morcéau eft porté fur un focle doré d'or moulu.

139. Deux bas-reliefs, forme ovale ; l'un eſt la chûte des Titans, l'autre le repas des Dieux.

140. Un autre, même forme, repréſentant des enfans qui mangent des raiſins.

FIGURES en Marbre, Terres-cuites & Plâtres bronzés.

141. Un buſte d'homme, médaillon en marbre blanc dans une bordure noire.

142. Un portrait de Louis XV. médaillon en plâtre bronzé, & reparé par M. Lemoine.

143. Une Nayade, figure en terre cuite, par Ladatte.

144. Le buſte de M. de Sartine, médaillon en plâtre par Mérard ; il eſt dans une bordure dorée.

145. Deux grouppes repréſentant des jeux d'enfans, en terre cuite, par Sarazin, ſur des ſocles de bois doré.

TABLES de marbre, à pieds ſculptés & dorés ; Pendules en bronze doré d'or moulu, Luſtres, Girandoles, Porcelaines, & autres objets.

146. Une Table de marbre blanc veiné, avec ſon pied de forme quarré, en bois doré.

147. Une autre Table avec deſſus de marbre & piéds dorés.

B iv

148. Une autre Table, même marbre, avec son pied sculpté & doré ; elle a un tiroir par-devant.

149. Deux petites Tables en consoles, avec dessus de marbre, dans laquelle on distingue des coquillages.

150. Une Pendule à quantièmes, portée sur un fust de colonne en bronze doré d'or moulu, & soutenue de deux consoles, avec couronnement, représentant les attributs de l'Amour.

151. Une autre Pendule très-bonne, dans sa boëte de bronze doré d'or moulu : à gauche est un Faune qui tient des raisins, à droite un enfant & une aiguiere.

152. Un Lustre de cristal, à six branches dorées.

153. Quatre Girandoles de crystal de roche.

154. Différens vases d'albâtre de France, dont plusieurs sont garnis de bronzes dorés d'or moulu, qui seront divisés.

155. Plusieurs porcelaines des Indes, comme tasses & sous-coupes, sucriers, caffetieres, & autres pieces qui seront divisées, & dont on formera des cabarets complets.

QUATRIEME VACATION.

FRANÇOIS PANINY.

Peint sur toile, large 24 pouces, haut 18.

156. Deux Pendans, représentant des Monumens de Rome, & Ruines d'Architecture, chacun est orné de plusieurs figures bien distribuées.

J. B. PATER.

Peint fur toile , large 15 pouces , haut 12.

157. Un Tableau très-fin & du meilleur ton de couleur ; il eſt compoſé de trois figures, dans un Payſage agréable ; la principale eſt une jolie femme
qui ſe lave les jambes dans un lac : à gauche eſt
une fontaine décorée d'un enfant porté ſur un
Dauphin.

Peint fur bois , large 17 pouces , haut 12.

158. Une Halte de Soldats & de Vivandieres ; on
y voit pluſieurs tentes dreſſées & attachées à des
arbres, & dans le fond une maſure , ſur laquelle
s'éleve un colombier. Ce Tableau eſt d'une très-
bonne couleur , & d'une compoſition intéreſſante.

J. GRIMOU.

Peint fur toile , haut 30 pouces , large 24.

159. Le Buſte d'un jeune Homme ; il eſt coëffé
d'une tocque & habillé à l'Eſpagnole.

DESPORTES.

Peint fur toile , large 60 pouces , haut 28.

160. Un Chien blanc en arrêt ſur uné Perdrix ; ce
Tableau , bien peint , eſt convenable pour deſſus
de porte.

JORAT.

Peint sur toile, haut 29 pouces, large 21.

161. L'Hymen sur un nuage, qui tient un miroir & allume le flambeau de l'Amour, qui est placé plus bas & appuyé sur son carquois. La forme de ce Tableau est ovale.

CHANTRO.

Peint sur bois, large 9 pouces, haut 7.

162. Un Tableau dans le genre de Teniers; il représente une compagnie de quatre hommes qui jouent au Trictrac.

F. BOUCHER.

Peint sur toile, diametre 9 pouces.

163. Deux Tableaux de la touche la plus spirituelle & d'un bon ton de couleur; l'un représente Pan & Syrinx, l'autre Alphée & Aréthuse.

CASANOVA.

Peint sur toile, large 39 pouces, haut 16.

164. Un Chariot attelé de deux chevaux, & chargé de différens bagages. A droite sont de grands rochers, & sur le devant un homme est assis, & plus loin son chien boit dans une marre.

LOUIS LAGRENÉE.

Peint sur toile, large 18 pouces, haut 14.

165. Zéphire & Flore; ce Tableau, très-bien peint,

& d'une grande correction de deſſin , a été expoſé au Sallon du Louvre en 1771.

L A G R E N É E , le jeune.

Peint ſur bois , haut 19 pouces , large 16.

166. Diane au Bain , accompagnée de pluſieurs Nymphes qui paroiſſent effrayées , ce qui fait croire qu'Actéon veut s'approcher pour ſurprendre la Déeſſe. Ce Tableau, dont le fond eſt un Payſage largement touché , eſt d'un très-beau ton de couleur.

HONORÉ FRAGONARD , & le Jéſuité d'Anvers.

Peint ſur bois , haut 21 pouces , large 18.

167. La Vierge & l'Enfant Jeſus dans un Médaillon entouré d'une guirlande de fleurs. Ce Tableau intéreſſant vient de la collection de feu M. le Prince de Conty , n°. 759.

D E M A C H Y.

Peint ſur carton , large 3 pouces , haut 2.

168. Deux petits Tableaux précieux & d'un beau ton de couleur ; ils repréſentent des ruines d'Architecture , & pluſieurs figures & animaux.

H U B E R T R O B E R T.

Peint ſur bois , haut 10 pouces , large 7.

169. Deux jolis Tableaux faiſant pendans ; ils repréſentent différentes vûes de Monumens de Rome ; chacun eſt orné de pluſieurs figures.

Large 38 pouces , haut 23.

170. Une chûte d'eau fortant de grands rochers , & pour pendant , une Marine ; chacun eft orné de figures.

BRENET.

Peint fur bois , haut 10 pouces , large 8.

171. Une jeune femme vue à mi-corps , & ajuftée d'une draperie blanche : elle porte un bâton auquel font attachées plufieurs couronnes de rofes.

LOUIS OLIVIER.

Peint fur toile , haut 15 pouces , large 12.

172. Deux Tableaux très-agréables & fins de couleur ; l'un repréfente Vénus fortant de fon lit , elle eft accompagnée de deux Amours qui tiennent un miroir ; le pendant eft une famille dans le goût d'Oftade.

BEAUFORT.

Peint fur toile , large 14 pouces , haut 7 & demi.

173. Une vue agréable des environs de Charenton , le milieu eft entierement occupé par la riviere , fur laquelle on voit deux gondoles remplies de monde , & qui paroiffent attendus par différentes compagnies d'Hommes & de Femmes qui font placés fur le devant du Tableau , dont l'effet repréfente une belle matinée.

BOUNIEU.

Peint sur bois, haut 15 pouces, large 12.

74. Deux jeunes Filles, dont une est occupée à traire une Chevre, tandis que l'autre la retient ; à gauche est un grand arbre & partie d'une maison, dont la porte est ouverte ; le fond de ce Tableau, qui est très-fin de couleur, est un Paysage touffu d'arbres.

CREPIN.

Peint sur toile, large 22 pouces, haut 18.

75. La vue d'une Forêt ; à gauche des rochers & une mare. Ce Tableau, touché avec facilité, est orné de quelques figures.

SARAZIN.

Peint sur toile, large 25 pouces, haut 24.

79. Des Ruines & un vieux pont de pierre ; sur le devant passe une riviere de laquelle deux Hommes retirent un filet.

C. VOLAIRE.

Large 24 pouces, haut 20.

77. Quatre Paysages & Marines, bien peints au pastel : ils seront vendus par pendans.

VALLÉE.

Peint sur bois, large 12 pouces, haut 9.

78. Une Vue prise aux environs du parc de Meu-

don ; sur le second plan , l'on voit une Ferme
de laquelle sort un Berger qui conduit un trou
peau de Moutons, à gauche un groupe d'arbres
& sur le devant une marre , dans laquelle un
Femme mene boire des Vaches.

PORBUS.

Peint sur toile , haut 20 pouces , large 15.

179. Le Portrait de ce Peintre ; il est représenté e
buste , la tête vue de trois-quarts , & tenant dan
sa main une palette & des Pinceaux : ce Tablea
bien peint , est de la plus grande vérité.

P. LELY.

Peint sur toile , haut 25 pouces , large 21.

180. Le Portrait d'un Artiste : il est représenté
mi-corps , la tête vue de trois-quarts , & ajusté
d'une fraise au col : il tient dans sa main un
Tête en sculpture.

CORNEIL POELENBURG.

Peint sur bois , large 14 pouces , haut 11.

181. Un riche Paysage d'Italie , à la droite duque
sont de belles Ruines de monumens anciens ; sur l
devant passe une riviere où plusieurs Femmes s
baignent. Ce Tableau , d'un émail de couleur &
d'une touche fine , ne laisse rien à desirer.

(31)

KAREL DUJARDIN.

Peint fur toile, large 33 pouces, haut 26.

182. Une Vue d'Italie, dont l'effet eft au foleil couchant: ce Payfage eft traverfé d'une riviere bordée
de côteaux & de hautes montagnes ; le devant
préfente un chemin fur lequel deux Cavaliers
s'arrêtent pour demander quelque chofe aux Gens
d'une Ferme que l'on voit fur la droite ; plus loin
un Homme affis , auquel une Femme verfe à
boire ; à gauche un Payfan fe repofe au bord
de l'eau, ayant près de lui un bâton & fon chien.
Ce Tableau eft d'un beau ton de couleur & largement peint.

ADRIEN OSTADE.

Peint fur bois , haut 5 pouces & demi , large 5.

183. Un Homme , vu à mi - corps ; il eft affis
près d'une table & occupé à allumer fa pipe ; ce
petit Tableau, bien peint, eft de la meilleure touche de ce Maître.

DAVID TENIERS.

Peint fur toile , large 27 pouces , haut 21.

184. Un troupeau de Moutons & des Vaches gar-
dées par un Berger jouant de la flûte ; le fond de
ce Tableau eft un Payfage, & fur un plan éloigné
on voit de Payfans attablés à la porte d'un cabaret.

JACQUES RUISDAAL.

Peint sur toile.

185. Un Payfage d'un fite pittorefque & touché avec beaucoup de goût ; le milieu préfente une chûte d'eau formant cafcade ; à droite, fur un terrein, font deux hommes qui caufent enfemble, & à gauche eft un bout de haie frappée d'un coup de Soleil qui produit un effet piquant.

Peint sur bois, haut 13 pouces, large 12.

186. Une Vue de mer & plufieurs barques de Pêcheurs ; ce Tableau, du même, eft d'un effet jufte, & auffi touché avec beaucoup de goût.

J. WINANTS.

Peint sur toile, large 18 pouces, haut 14 & demi.

187. Un Payfage fablonneux des environs de la Hayé ; dans le milieu, l'on voit un chemin, où paffe un chaffeur, un valet & plufieurs chiens ; à gauche un terrein élevé, & de grands arbres : le foleil fe reflette parfaitement dans ce Tableau, qui eft d'un très-beau ton de couleur.

GUILLAUME HEUSSE.

Peint sur bois, large 20 pouces, haut 16.

188. Un Payfage d'un ton de couleur le plus
agréable

agréable & le plus fin qu'il soit possible de trouver de ce Maître ; dans le milieu , sont plusieurs
grands arbres & un chemin où passent des Paysans conduisans un chariot & divers animaux ;
le devant est enrichi de différentes plantes &
broussailles d'un grand fini.

SALOMON RUISDAAL.

Peint sur bois , large 18 pouces , haut 15.

189. Un grand arbre près d'un terrein élevé, entouré de vieilles haies & barrieres , sur lesquelles
frappe un coup de lumiere piquant.

BRAAUR.

Peint sur bois , haut 5 pouces , large 4.

190. Un Homme , vu à mi-corps , tenant une
canette de bierre.

VAN GOYEN.

Peint sur bois , large 15 pouces , haut 11.

191. La vue d'un Village entouré d'un canal, avec
figures & barques de Pêcheurs.

DIFFÉRENS MAITRES.

192. Un Paysage & figures, par Allegrin, *large 60
pouces , haut 48.*

C

193. Un Paysage , dessus de porte , avec figures &
animaux.

194. Un autre , & Ruines , par un Hollandois.

195. Quatre petits Tableaux , représentans des vues
de jardins , par Michel.

196. Deux pendans, Paysages & figures, dans le genre
de Pater : *large* 12 *pouces* , *haut* 15.

197. Deux figures d'hommes, de grandeur naturelle ;
ils sont vus à mi-corps & paroissent chanter à la
clarté d'une lumiere.

198. Un Paysage , dans lequel passe une riviere, &
pour figures Pan & Syrinx.

199. Un Paysage, par un Maître Hollandois ; à gauche est une chaumiere & deux Paysans qui causent ensemble : *large* 15 *pouces* , *haut* 10.

200. Un Tableau d'architecture , par Salviousse , &
figures dans le goût de Jean Miel : *large* 34 *pouces*,
haut 27.

201. Deux pendans, Paysages & Ruines: ces Tableaux
très-fins & d'un très-bon ton de couleur, sont ornés de figures ; dans l'un est un repos en Egypte ,
dans l'autre des Baigneuses.

202. Un bas-relief en grisaille, représentant des jeux
d'Enfans , par Liégeois, de l'Académie de St. Luc :
largeur 17 *pouces* , *haut* 14.

203. Deux différens sujets de batailles, dans la maniere de Bourguignon : *largeur* 23 *pouces* , *haut* 17.

204. Un Paysage, & pour figures, un départ de chasse
au vol ; sur le devant, un homme entouré de
Chiens porte des Faucons : *peint sur toile* , *largeur* 15 *pouces* , *haut* 10.

205. La vue d'une grande chaumiere & les débris
d'une maison de Paysans , à la porte de laquelle
est un Cavalier qui parle à un homme ; ce Ta-
est signé, J. W. : *large* 20 *pouces* , *haut* 12.

206. Deux Payfages, & fabriques peints à l'huile fur carton, par Moreau, *haut 8 pouces, large 6 & demi.*

CINQUIEME VACATION.

BAPTISTE MONNOYER.

Peint fur toile, haut 14 pouces, large 22.

207. Un Bouquet de fleurs dans un riche vafe d'or, il eft placé fur une table de marbre, fur laquelle eft pofé un tapis garni de franges & glands d'or; ce Tableau eft bien peint & largement touché.

WATTEAU.

Peint fur toile, large 17 pouces, haut 14.

208. Un fujet paftoral dans un jardin; ce Tableau, des commencemens de ce Maître, annonce par un beau ton de couleur, le haut degré de talent où il a porté fes ouvrages.

J. B. PATER.

Peint fur toile, large 27 pouces, haut 22.

209. Une Halte de Soldats & Vivandiers; ce Tableau, d'une compofition riche & variée, eft du plus beau ton de couleur, & un des meilleurs de ce Maître.

C ij

FOUQUIER.

Peint sur toile , large 37 *pouces , haut* 29.

210. Un Payfage d'un bon effet , avec figures &
animaux.

CARLE VANLOO.

Peint sur toile , haut 25 *pouces , large* 19.

211. Le *Noli me tangere*; ce Tableau , dans lequel il
y a des parties bien peintes & de la meilleure couleur , a été gravé fous le nom de Carle Vanloo.

FRANÇOIS BOUCHER.

Haut 19 *pouces , large* 13.

212. Une Dame affife devant une table , prenant
une taffe de chocolat.

J. MARIE VIEN.

Peint sur toile , haut 36 *pouces , large* 48.

213. Hercule & Omphale ; ce Tableau , dont la
proportion des figures eft prefque de grandeur naturelle , eft d'un beau ftyle de deffin & d'un beau
pinceau.

JOSEPH VERNET.

Peint sur toile , large 11 *pouces , haut* 8.

214. Une Efquiffe librement touchée & d'un bon

ton de couleur ; le sujet est un Port de Mer , sur le rivage sont quelques figures de Pêcheurs.

J. B. GREUSE.

Peint sur toile , haut 17 pouces , large 14.

215. La Priere à l'Amour ; ce Tableau , très-fin & & d'une grande expression , est le petit de celui qui a été vendu chez M. le Duc de Choiseul.

LOUIS LAGRENÉE.

Peint sur toile , large 20 pouces , haut 16.

216. Bacchus & Ariane , Esquisse librement tou-chée , & d'une bonne couleur.

J. B. LEPRINCE.

Peint sur bois , large 23 pouces , haut 17.

217. Un Paysage d'un site agréable , & de la touche la plus spirituelle ; le milieu présente un groupe d'arbres dans une île , près de laquelle sont quatre Mariniers , ajustés dans le costume Russe , & occupés à retirer un filet de l'eau ; plus loin est un bateau rempli de différens ustensiles de Pêcheurs ; sur le devant , des plantes & brous-sailles , touchées avec le plus grand goût. Ce Tableau ne laisse rien à desirer du ton de couleur transparent des Flamands.

HONORÉ FRAGONARD.

Peint sur toile , haut 30 pouces , large 24.

218. Le Portrait d'une jeune Demoiselle , vue à mi-

corps , & ajuftée à l'Efpagnole ; elle tient d'une main un papier de mufique. Ce morceau gracieux & librement touché , eft d'un ton de couleur tranfparent.

Peint fur toile , haut 17 pouces , large 14.

219. Un Saint Pierre , étude favante & d'une bonne couleur.

HUBERT ROBERT.

Peint fur toile , haut 26 pouces , large 18.

220. Un Payfage, vue d'Italie, & d'un fite très-pittorefque , dans le milieu tombe une chûte d'eau qui paffe fous un pont , & fur le devant font des Blanchiffeufes. Ce Tableau, d'une excellente couleur, eft touché avec l'efprit ordinaire aux ouvrages de cet habile Artifte.

BEAUFORT.

Peint fur toile , large 13 pouces , haut 18.

221. Diane aux bains , accompagnée de fes Nymphes , & dans l'attitude de métamorphofer Actéon, qui paroît fur la gauche auprès de grands arbres ; le fond eft mafqué par un grand rocher couvert de brouffailles : ce Tableau , d'une compofition intéreffante , eft auffi d'un coloris frais & bien peint.

Peint fur toile , large 12 pouces , haut 8.

222. Deux différentes vues de Payfages , avec des

lointains agréables. Chacun de ces jolis Tableaux,
font ornés de figures, & de différens animaux.

PERIGNON.

Haut 17 pouces, large 14, ovale.

223. La vue d'une Abbaye, située sur un terrein
élevé ; sur le chemin qui y conduit, l'on voit
un homme, deux vaches & des moutons ; la
droite est occupée par des rochers, desquels sort
une chûte d'eau, formant un lac où un homme
pêche à la ligne. Ce Tableau d'un ton argentin,
est rendu avec beaucoup de justesse.

LAGRENÉE, le Jeune.

Peint sur toile, large 38 pouces, haut 28.

224. Un Tableau, bien ébauché & d'un bon effet ;
il représente Jupiter porté sur son Aigle, rece-
vant d'Hebé le nectar qu'elle lui verse dans une
coupe d'or.

OLIVIER.

Peint sur bois, haut 9 pouces & demi, large 6 & demi.

225. Diane & Endimion ; ce Tableau, gracieux de
composition, est précieusement rendu & d'un
effet agréable.

BOUNIEU.

Peint sur bois, larhe 13 pouces, haut 10.

226. Un Payfage d'un site intéressant, & d'une
harmonie parfaite dans le ton de couleur ; la droite

préfente une grande péloufe où l'on voit un troupeau, & plus loin un étang qui conduit à différentes avenues d'arbres ; fur le devant font des
cerifiers, & deux enfans qui cherchent à en
ceuillir le fruit ; on y voit auffi une femme qui
porte un fagot, & fur une hauteur eft un berger
qui fe repofe.

Peint fur toile, haut 20 pouces, large 16.

227. Une jeune fille, vue à mi-corps & la gorge
en partie découverte, tenant dans fes mains un
oifeau ; elle eft ajuftée d'une gaze, d'un jupon
violet, & appuyée fur un couffin jaune.

F. BENARD.

228. Deux Tableaux pendans ; l'un paroît repréfenter une Scène de la Partie de Chaffe d'Henry
IV. au moment qu'il eft à table chez le Fermier;
l'autre eft un intérieur de cuifine où plufieurs
hommes font occupés à boire & fumer. Ces deux
morceaux, d'une touche très-fpirituelle, font auffi
d'une bonne couleur.

PRÉVOST, l'aîné.

Peint fur toile, haut 12 pouces, large 9.

229. Deux Tableaux repréfentans différens bouquets
de fleurs : l'un dans un vafe couleur lapis, l'autre
dans un caraffon de verre.

MOREAU.

Peint fur toile, large 21 pouces, haut 17.

230. Un Payfage librement touché, avec figures
& animaux.

LANTARA.

Peint sur bois, large 5 pouces, haut 4.

231. Un Paysage & Marine, dont l'effet est un clair de lune.

PEROTTE.

Peint sur toile, large 23 pouces, haut 20.

232. Une Fête pastorale dans un jardin agréable ; à gauche est placée une fontaine ; la composition de ce Tableau est de F. Boucher.

LUCAS.

Peint sur toile, large 39 pouces, haut 28.

233. Vénus sur un nuage, & accompagnée de plusieurs Amours.

GILLOT.

Peint sur bois, haut 7 pouces & demi, large 5 & demi.

234. Un Singe ajusté d'une robe de chambre, & devant un chevalet, faisant le Peintre.

SARAZIN.

Peint sur bois, large 9 pouces, haut 7.

235. Deux Paysages, forme ovale : l'un représente un matin, & l'autre un soleil couchant.

LALLEMAND.

Peint sur bois, large 13 pouces, haut 11.

236. Un Paysage, & Marine ; sur le devant duquel sont des figures de Pêcheurs.

CHAVANNE.

Peint sur bois, large 17 pouces, haut 14.

237. Deux Payfages & Fabriques, ornés de quelques figures & animaux.

CORNEILLE POELENBURG.

Peint sur bois, haut 10 pouces & demi, large 9.

238. Des Ruines & monumens de Rome, à la droite defquelles eft une grande étendue de pays, & des lointains riches & agréables ; fur le devant l'on voit un homme, une femme & un enfant.

PHILIPPE WOUVERMANS.

Peint sur bois, large 14 pouces, haut 11.

239. Une Halte de chaffe ; l'on y voit deux Cavaliers, dont l'un eft defcendu de cheval & arrêté contre un arbre ; fur le devant, plufieurs Valets tiennent des Chiens en leffe. Ce Tableau eft d'un beau ton de couleur & bien peint.

GERARD TERBURG.

Peint sur bois, haut 17 pouces, large 13.

240. Une jeune Dame à fa toilette, ajuftée d'un manteau de lit de velours cérife bordé d'hermine ; une femme eft derriere qui lui arrange fes cheveux. Ce Tableau, dans lequel les étoffes & les détails font de la plus grande fineffe, eft rendu avec vérité.

THEODORE NETSCHER.

Forme ovale fur-toile, haut 4 pouces, large 3 & demi.

241. Le portrait d'une Dame ; elle eft ajuftée d'une robe bleue, & d'un collier de perles.

DAVID TENIERS.

Peint fur bois ; large 14 pouces, haut 10.

242. La vue d'un Village, dont la principale maifon eft un Cabaret ; l'on y voit plufieurs Payfans & leurs femmes, qui paroiffent revenir de la guinguette. Ce Tableau, d'un ton de couleur très-argentin, eft auffi d'une touche ferme & fpirituelle.

DU MEME.

243. Deux différens Payfages ; dans l'un une femme eft dévancée d'un chien, & dans le milieu une charrette attelée d'un cheval ; fur la gauche on voit un Payfan en-chemife qui parle à deux femmes ; derriere ce grouppe eft une chaumiere environnée d'arbres ; le fond eft terminé par différentes mafures & une églife. L'autre préfente fix hommes jouans à la boule devant une maifon de payfan ; le lointain eft terminé par des arbres & des chaumieres, *large 8 pouces & demi, haut 5 pouces 9 lignes.*

KAREL DU JARDIN.

Haut 16 pouces & demi, fur 13 & demi.

244. Un Payfage d'un fite montagneux ; fur le devant l'on voit un Berger endormi, & près de lui une femme qui careffe un chien ; divers animaux

sont diftribués dans ce Tableau qui eft d'un bel
émail-de couleur, & d'un effet jufte.

VANDERMER.

245. Un grouppe de Moutons & une Chevre ; ce
Tableau, d'une grande fineffe, eft peint fur cuivre ;
large 8 pouces, haut 6.

J. WINANTS

Peint fur toile, haut 13 pouces, large 10 & demi.

246. Un Payfage dont la droite eft occupée par une
élévation de terre, fur laquelle font de vieux arbres dépouilles de leurs feuilles ; à gauche eft une
grande étendue de pays coupé de rivieres, l'œil
eft conduit agréablement à des lointains de montagnes : ce joli Tableau eft d'une couleur vraie &
d'un effet très-jufte.

JACQUES RUISDAAL

Peint fur toile large, 24 pouces, haut 19.

247. Un Payfage, à la gauche duquel eft un chemin qui conduit à l'entrée d'une Forêt ; au milieu & fur le devant l'on voit un lac & des touffus
d'arbres : ce Tableau, d'un beau feuillé & d'un
effet jufte, peut être mis au nombre des meilleurs
Ouvrages de ce Maître.

248. Un autre Tableau, par le même, qui paroît
fervir de pendant au précédent ; il repréfente auffi
un beau Payfage & des Fabriques entourées d'une
riviere, & à droite, un chemin où l'on voit quelques Paffagers.

DU MÊME.

Peint sur toile, large 24 pouces, haut 20.

249. Une grande étendue de pays, du côté du lac
de Harlem ; le premier plan est entierement occupé par des arbres, & dans l'éloignement des
prairies & plusieurs Villages. Ce Tableau, d'un
effet juste, imite parfaitement la maniere de Rem-
brand.

DEKER.

Peint sur bois, large 16 pouces, haut 12.

250. Un Paysage & des chaumieres situées au bord
d'une riviere : quelques figures ornent ce Tableau,
qui est touché avec beaucoup de goût & qui est
transparant de couleur.

J. VANGOYEN.

Peint sur bois, large 16 pouces, haut 12.

251. Un des plus charmans Tableaux de ce Maître;
il représente quelques maisons de Paysans entourées de différens groupes d'arbres situés au bord
d'une riviere ; plusieurs Pêcheurs y arrêtent leurs
barques : des lointains agréables & un Ciel frais
terminent la composition de ce morceau.

ISAAC OSTADE.

Peint sur bois, haut 7 pouces, large 6.

252. Un vieux Homme assis, jouant de la vielle.

DIFFÉRENS MAITRES.

253. Un Berceau de verdure environné de grands
arbres, & sous lequel est un Berger & une Bergere;
sur le devant, de l'eau & un pont ; dans le fond
un percé de jour qui produit la lumiere dans tout
le Tableau : *Peint sur bois, haut 9 pouces &
demi, large 7 & demi.*

254. Des Ruines & monumens de Rome, avec figures & animaux , genre de Bartholomé : peint
sur cuivre , large 10 pouces, haut 7.

255. Un Paysage de forme ronde, & pour figures
la fuite en Egypte , diametre 5 *pouces & demi.*

256. Une copie bien faite du portrait de François
Boucher, d'après M. Rosseline : hauteur 20 pouces,
large 16.

257. Les Ruines du Colisée de Rome, avec fond de
Paysage & figures, l'effet est au clair de la lune :
peint sur cuivre , large 10 pouces & demi, haut
7 & demi.

258. Différens Paysages avec figures , l'un de Sarazin , l'autre d'un Inconnu : largeur 8 pouces ,
haut 6.

259. Jupiter transformé en Cigne avec Leda : peint
sur papier collé sur bois, large 8 pouces , haut 6.

260. Un petit sujet de Bacchus , en grisaille , par
Veugle , il est sur son tonneau & accompagné de
trois Femmes : largeur 3 pouces , haut 2.

261. La vue d'un grand chemin , à la gauche duquel est un champ de bled & des Moissonneurs, à
droite des arbres , & dans le fond de hautes montagnes : large 13 pouces, haut 11.

262. Un Payfage , à la droite duquel eft un grand
rocher , d'où tombe une chûte d'eau ; à gauche,
deux grands arbres , & pour figures les Pélerins
d'Emmaüs ; goût de Paul Bril : large 15 pouces ,
haut 11.

263. Une Femme affife fur un lit careffant un Chat :
dans le fond eft un grand rideau derriere lequel
eft un homme qui paroît la furprendre : haut 30
pouces , large 24 , fur toile.

264. Une baraque entourée de grands arbres , près
de laquelle un Payfan eft affis gardant des Beftiaux ; fur le fecond plan eft une riviere , & dans
le lointain des montagnes. Il eft figné de Van-
derdoes.

265. Le portrait de Henri IV , en pied , habillé
felon le coftume du tems : il a la main appuyée
fur une table couverte d'un tapis rouge : ce petit
Tableau eft copié avec beaucoup de juiteffe d'après
celui de Porbus qui eft au Luxembourg , hauteur
14 pouces , large 9 , fur bois.

266. L'intérieur d'une Eglife de Flandres, par Peter-
neff , & orné de plufieurs figures : large 24 pouces , haut 20.

267. L'adoration des Bergers , par un des Franck ,
largeur 26 pouces , haut 18.

268. Le Jugement d'Alexandre attribué au Domini-
quain : ce Tableau eft de forme ovale , large 30
pouces , haut 23.

269. Deux différens fujets de batailles , par Mar-
tin : large 26 pouces , haut 22.

270. Deux Tableaux faifant pendans ; ils font dans
le genre de la Hire ; dans l'un font des Baigneufes;
dans l'autre , une fontaine de Neptune , & plufieurs figures , haut 26 pouces , large 22.

SIXIEME VACATION.

HARMAND D'ITALIE.

Peint sur toile , large 21 pouces , haut 15.

271. Un Paysage , dont l'effet est un soleil couchant ; dans le milieu est un grand arbre , près duquel un Berger qui garde un troupeau de moutons & de chevres ; un grand chemin sur lequel passent différens personnages , occupe la droite ; de hautes montagnes , enrichies d'arbres , terminent le fond de ce Tableau , qui est d'une grande finesse de couleur , & rendu avec beaucoup de vérité.

LE NAIN.

Peint sur toile , large 23 pouces , haut 19.

272. L'Adoration des Bergers , composition de seize figures , & chacune rendue avec la plus grande vérité.

FRANÇOIS LEMOINE.

Peint sur toile , large 12 pouces , haut 12.

273. Un Paysage d'un site pittoresque , & d'une touche savante. Il est vu du côté des Gobelins. Les objets qui environnent la riviere , s'y réfléchissent parfaitement , ce qui produit un effet juste & très-intéressant.

BOULLOGNE.

BOULLOGNE.

Peint fur toile , haut 12 *pouces , large* 9.

274. L'Enfant Jefus & S. Jean profterné à fes pieds ;
le fond eft un Payfage , & dans le haut une
gloire de trois Chérubins.

CARLE VANLOO.

Peint fur toile , large 33 *pouces , haut* 27.

275. Vénus & l'Amour fur des nuages ; ce beau
Tableau , rempli de grace & d'un pinceau moëlleux , a été gravé par J. B. Henriquez.

GILLOT.

Peint fur toile , large 20 *pouces , haut* 16.

276. Un fujet champêtre , dans lequel on voit un
Arlequin , & un Pierrot qui joue de la guitarre.

JOSEPH VERNET.

Peint fur toile , large 39 *pouces , haut* 22.

277. Une Vue du Tibre ; la gauche eft entierement
occupée par des rochers où fe voient les ruines
d'une tour , & dans le lointain une chaîne de
montagnes. L'on voit auffi une grande barque ,
& plufieurs figures de Pêcheurs différemment
occupés. Ce Tableau , d'une touche favante , &
d'une harmonie parfaite , ne céde en rien aux
plus beaux ouvrages de Salvator Rofe en ce
genre.

D

CASANOVA.

Peint fur toile, haut 15 pouces, large 13.

278. Deux grands Rochers , defquels tombe une chûte d'eau formant un lac ; un cavalier s'y arrête pour faire rafraîchir fon cheval ; plus loin eft un autre homme defcendu de cheval , qui parle à un payfan affis fur une valife, & près d'un grand arbre.

LOUIS LAGRENÉE.

Peint fur toile, haut 15 pouces , large 12.

279. Vénus au bain, & près d'elle, l'Amour qui tient fon arc : le fond de ce Tableau agréable eft un payfage.

LAGRENÉE LE JEUNE.

Peint fur toile , large 22 pouces , haut 18.

280. Noë en marche avec fa Famille & les diffé-rents Animaux qu'il fit entrer dans l'Arche ; ce morceau, d'un ton de couleur analogue au fujet, eft d'une belle touche & d'une compofition intéref-fante.

Peint fur toile , haut 16 pouces , large 13.

281. Une Efquiffe terminée , repréfentant un Sa-crifice à Vénus

HONORÉ FRAGONARD.

Peint fur toile , large 15 pouces , haut 12.

282. Jupiter & Califto, efquiffe librement touchée.

J. MOREAU.

Peint fur toile , large 15 *pouces , haut* 12.

283. Une vue raccourcie, & des Fabriques ; fur le devant, un homme eft à cheval & conduit deux Vaches & des Moutons

J. ROTTENAMER.

Peint fur cuivre , large 13 *pouces , haut* 9 *& demi.*

284. Diane au bain, accompagnée de fes Nymphes ; — elle eft dans l'attitude de métamorphofer Actéon, qui eft placé près d'un arbre : un beau fond de Payfage , par Breugel de Velours , & des Amours qui foutiennent des couronnes de rofes, terminent le fond de ce Tableau, qui eft du plus beau tón de couleur.

HANS JORDANS.

Peint fur bois , large 27 , *haut* 18 *pouces.*

285. Le frappement du rocher ; ce Tableau, d'une riche ordonnance , vient de la collection de feu Monfeigneur le Prince de Conty.

ADRIEN VAN OSTADE

Peint fur bois , haut 10 *pouces , large* 9.

286. L'intérieur d'une Tabagie Hollandoife, compofi- tion de fix figures,dont la principale eft un homme vu par le dos, le pied pofé fur un bâton de chaife & tenant fa pipe de la main gauche. L'effet du clair‑obfcur eft parfaitement obfervé dans ce

Tableau, qui eft très vigoureux & du bon tems de
ce Maître.

I S A A C O S T A D E.

Peint fur bois, large 20 pouces, haut 14 & demi.

287. Deux Tableaux d'un bon ton de couleur & faifant pendans ; ils repréfentent différens intérieurs de chambre : dans l'un, on voit une batterie de Payfans; dans l'autre plufieurs hommes occupés à boire, à fumer & à chanter.

G O D E F R O Y S C A L K E N.

Peint fur bois, haut 16 pouces, large 12.

288. Un fujet de quatre figures ; la principale eft un Soldat qui paroît yvre, ayant l'épée à la main, il femble effrayer une femme qui le retient ; dans l'éloignement à gauche, l'on voit un homme devant la cheminée tenant des pincettes : ce Tableau, qui a du caractère, eft auffi d'un pinceau moëlleux & très-fin.

W I L L E M V A N D E N V E L D E N.

Peint fur toile, large 27 pouces, haut 19.

289. Plufieurs navires en pleine mer ; fur la droite, l'un falue l'autre d'un coup de canon ; le devant eft orné de plufieurs barques de Pêcheurs placées de diftance en diftance; dans le fond on apperçoit une quantité de vaiffeaux : ce Tableau, très-capital de compofition, eft auffi d'un beau ton de couleur & bien peint

FRÉDERIC MOUCHERON.

Peint fur toile, haut 22 pouces, large 18.

290. Un riche payfage & du plus beau fite ; la droite préfente un grand terrein & dans le milieu deux grands arbres bien feuillés; le devant eft orné de plufieurs figures & animaux, par Nicolas Berghem : ce Tableau parfait de chacun de ces deux Maîtres, ne laiffe rien à defirer, tant par le beau ton de couleur que par la touche favante & fpirituelle.

J. MOUCHERON.

Peint fur bois, large 12 pouces, haut 10.

291. Un Payfage & des Fabriques, dans le milieu eft un chemin, & fur le devant un homme qui fe repofe.

GERARD HOUET

Peint fur toile, large 20 pouces, haut 15.

292. Deux pendans repréfentans différens fujets agréables, l'un eft un bain de Diane, l'autre une allégorie aux faifons.

JEAN VINANTZ.

Peint fur toile, large 22 pouces, haut 17.

293. Un Payfage d'un fite élevé & coupé de deux chemins; dans l'un on voit un Cavalier, dans l'autre une femme & un enfant, fur le devant un vieux arbre & des plantes.

Peint fur toile , large 18 pouces , haut 17.

294. Un autre Payfage , par le même ; l'on voit à gauche & à droite , différentes maffes d'arbres, & dans le milieu un chemin : ce Tableau, vigoureux de couleur eft orné de figures, par Lingelback.

CORNEILLE BEGA.

Peint fur bois , haut 13 pouces , large 10 & demi.

295. L'intérieur d'une chambre de ménage , où l'on voit une femme qui tient fon Enfant fur fes genoux , la vieille mere affife près d'elle , & un homme, qui paroît être le mari, eft appuyé fur la chaife de la derniere , fur le devant eft le Berceau de l'enfant ; différens uftenfiles de ménage bien diftribués, ajoutent à l'agrément de ce morceau des plus intéreffans & parfait en fon genre.

JACQUES RUISDAAL.

Peint fur bois , haut 13 pouces , large 16.

296. Deux Marines, & des lointains de Prairies : ces deux Tableaux, du ton de couleur le plus vrai & parfaits en ce genre , peuvent être annoncés du meilleur tems de ce Maître.

Peint fur toile , haut 15 pouces , large 14 & demi.

297. Deux Payfages enrichis de plufieurs maifons environnés d'arbres , & fur le devant de plufieurs petites figures : ces deux Tableaux, d'un grand mérite , & du ton de couleur le plus agréable,

viennent de la collection de M^r. le Prince de
Conty, n°. 405.

JACQUES RUISDAAL.

Peint sur bois, large 15 *pouces, haut* 12.

298. Un Paysage, d'un ton de couleur vigoureux &
d'une touche très-spirituelle ; il est traversé d'un
chemin sablonneux & sur lequel la lumiere frape
principalement.

GUILLAUME ROMAIN.

Peint sur toile, large 28 *pouces, haut* 24.

299. Deux très-beaux Tableaux de ce Maître ; ils
représentent nombre de différens Animaux ; dans
l'un on voit l'entrée d'un rocher, & dans l'autre
le Temple de Tivoly. Ils viennent de la vente de
M. du Bary.

VAN BERGEN.

Peint sur toile, large 27 *pouces, haut* 14.

300. Différens bétails sur un chemin qui conduit à
un abreuvoir. Le fond de ce Tableau est terminé
par des montagnes & fabriques.

KLAS MOLNAERT,

Peint sur bois, haut 14 *pouces, large* 11.

301. L'intérieur d'une chambre, dans laquelle quatre personnages, hommes & femmes, forment
un concert.

D iv

J. FAYT.

Peint sur toile , haut 19 pouces , large 15.

302. Une Perdrix & différens Oiseaux morts.

SALOMON RUISDAAL.

Peint sur bois , haut 13 pouces , large 11.

303. Un terrein élevé , sur lequel est un grand arbre , & sur le devant un chemin où passe un homme , & plus loin un autre se repose.

DELORME.

Peint sur bois , haut 28 pouces , large 24.

304. L'intérieur d'une Eglise réformée. Ce Tableau, d'un bon effet , est orné de différens personnages.

BLOET.

Peint sur bois , large 20 pouces , haut 14.

305. La Vue d'une Chaumiere , à la porte de laquelle sont plusieurs Paysans qui causent ensemble; & à gauche un pont où passe un femme à cheval; différens accessoires rendent ce Tableau très-intéressant , qui est tout-à-fait dans la maniere d'Ostade.

ABRAHAM TENIERS.

Peint sur bois , large 17 pouces , haut 12 & demi.

306. Une chambre de Paysans , où l'on voit un

vieux homme le verre à la main , & une femme qui allume une pipe : un chaudron , un balai & autres uſtenſiles de ménage ſont diſtribués dans ce Tableau , qui eſt bien touché.

VAND·ER POEL.

Peint ſur bois , haut 27 pouces , large 22.

307. L'intérieur d'une chambre de ménage , dans laquelle eſt une femme qui porte un panier rempli de légumes. Sur le devant on voit différens uſtenſiles de ménage.

J. VANDER BURCHT.

Peint ſur toile , haut 23 pouces , large 28.

308. Deux différens Payſages ; l'un repréſente une Vendange , l'autre une Fête de Village ; ces deux Tableaux ſont très-gais de compoſition.

VERMEULEN.

Peint ſur bois , large 12 pouces , haut 10.

309. La vue d'une Prairie de Hollande , & de différens Animaux , dans le lointain un Village.

310. Deux morceaux à gouaſſe , par M. de Machi ; ils repréſentent des Monumens d'Architecture , & chacun orné de pluſieurs figures.

311. Deux autres morceaux du même genre , & auſſi bien peints que les précédens.

DIFFÉRENS MAITRES.

312. La Vue d'une Forêt , & dans le milieu un grand chemin , où l'on voit un homme qui conduit un mulet & quelqu'autres figures ; fur le fecond plan paffe une riviere. Ce Tableau , par Benard , eft peint fur toile : large 29 pouces , haut 23.

313. Deux Pendans , forme ovale ; l'un repréfente une femme qui peigne fon enfant ; l'autre des Mendians ; ils font peints fur cuivre : large 10 pouces , haut 8.

314. Une figure d'Homme en habit de caractere. Ce Tableau eft peint fur toile , par de Troy : haut 20 pouces , large 14.

315. Deux différentes Vues de Rome , faites en Italie , par Vernet : haut 24 pouces , large 19.

316. La Vierge repréfentée à mi-corps & les mains jointes ; ce Tableau de mérite eft de forme ovale : haut 26 pouces , large 21.

317. L'intérieur d'une chambre de ménage , où l'on voit une vieille femme qui pele des navets ; copie bien faite d'après Teniers.

318. Une Femme affife , ayant près d'elle deux enfans & une chevre ; plus haut eft une autre femme qui préfente une grappe de raifins à la premiere ; ce Tableau , d'une touche ferme , eft par un bon Maître Italien : haut 12 pouces , large 16 , fur cuivre.

319. Le Portrait en pied de Louis XIII ; il eft ajufté de fon Manteau Royal , tenant d'une main fon fceptre , & de l'autre la main de Juftice. Ce morceau eft peint fur marbre : haut 9 pouces & demi , large 7 & demi.

320. Un Payſage , dont l'effet eſt au ſoleil couchant : l'on y voit un pont qui conduit à une
grande tour , & pluſieurs figures , dont un homme qui conduit un mulet. Ce Tableau , peint ſur
bois , eſt par Courtois : large 9 pouces , haut 7.

321. Un Enfant , peint à l'huile , imitant le deſſin
à la ſanguine , dans le genre de Boucher.

322. L'Adoration des Bergers , effet de nuit , par un
bon Maître Italien : large 20 pouces , haut 20 ,
peinte ſur toile.

323. Deux Pendans , repréſentans différentes Vues
de Flandres ; dans l'un eſt un château ſitué dans
une iſle ; l'autre eſt un Payſage avec des rochers,
& pour figures ſur le devant, le charitable Sama-
ritain , maniere de Breugel.

324. Un médaillon imitant le marbre , par Sauvage , & entouré d'une guirlande de fleurs , par
Spandon.

325. Du même , un Bas-relief en griſaille , repréſentant des jeux d'enfans.

326. Quatre Médaillons , deſſus de portes , en griſaille , entourés de guirlandes de fleurs.

327. Trois differens Portraits de la Famille Royale.

328. Le Portrait de Louis XV. & celui de la feue
Reine.

329. Un autre Portrait de Louis XV , & celui du
Roi de Pologne.

SEPTIEME VACATION.

DE TROY.

Peint fur toile, haut 20 pouces, large 17.

330. Le Gafcon puni, compofition de quatre figures dans l'intérieur d'une chambre : ce Tableau,
bien coloré, a beaucoup de caractères dans les têtes
qui en expriment bien le fujet.

J. BAPTISTE OUDRY.

331. Différens gibiers morts & une belle plante
de chardon ; ce Tableau, d'une touche ferme
& d'un beau ton de couleur, eft fupérieur en ce
genre.

332. Des Canards effarouchés par un oifeau de
proie : largeur 27 pouces, haut 30.

MARTIN.

Peint fur toile, large 21 pouces, haut 20.

333. La vue d'une Forêt, dans laquelle paffe un co-
che qui fe trouve arrêté & pillé par des Voleurs.

CALLOT.

Peint fur papier, large 18 pouces, haut 6.

334. Une Mafcarade dans une place publique ; ce
fujet très capital & d'un grand détail, a été

gravé par Callot, auquel ce Tableau paroît juste-
ment attribué.

L'ANCRET.

Peint fur toile , haut 13 pouces & demi , large 9
pouces & demi.

335. Un Payfage, fur le devant duquel font deux
jeunes demoifelles arrêtées à parler à un Berger
ajufté dans le genre galant; ce Tableau, tranfparent de couleur, eft un des plus fins de touche
que l'on connoiffe de ce Maître.

Peint fur toile , large 23 pouces , haut 19.

336. Une vue d'un des Moulins de Charenton, conf-
truit fur la riviere, dont la gauche & la droite
font garnies d'arbres ; fur le devant du Tableau
on voit une compagnie d'hommes & de femmes
qui prennent le frais.

GASPARO VAN VITELLI.

Peint fur bois , large 25 pouces & demi , haut 15.

337. Une vue de Paris, du côté de la Seine ; ce
Tableau, fidelement rendu, eft orné de plufieurs
figures.

J. B. PATER.

Peint fur toile , large 27 pouces , haut 23.

338. Une Fête champêtre où plufieurs hommes &
femmes s'amufent à danfer ; le fond de ce Tableau, qui eft d'une grande fineffe, préfente un
beau Payfage & des lointains.

JOSEPH VERNET.

Peint fur toile, large 30 pouces, haut 24.

339. Les Baigneufes, dont on connoît l'eftampe gravée , par Balechou ; ce Tableau, de la plus haute diftinction, & d'une réputation méritée , repréfente une grande voûte de rochers fous laquelle on voit une marine & de beaux lointains terminés par un ciel d'été ; fur le deuxieme plan font plufieurs belles Femmes qui fe baignent. Il vient de la collection de Monfeigneur le Prince de Conty, n°. 734.

LAGRENÉE LE JEUNE.

Peint fur bois , hauteur 17 pouces, large 14.

340. Une belle Femme, qui paroît caractérifer la fécondité ; elle eft couronnée de rofes & d'épis de bled , tenant dans fes bras un Enfant , tandis qu'une autre montre du doigt la corne d'abondance de laquelle fortent différens fruits , plus loin eft un vafe d'or : ce Tableau, dont le fond fe termine par un beau Payfage, eft d'un deffin correct & du meilleur ton de couleur.

DU MÊME.

Peint fur bois, haut 17 pouces, large 14.

341. La Paix, repréfentée par une jeune femme qui eft accompagnée de deux enfans, dont un à fa droite tient dans fes mains différens attributs de la Puiffance , l'autre une branche de laurier ;

ce Tableau, d'une compofition ingénieufe, eft auffi beau que le précédent.

LA CROIX.

342. Deux pendans , forme ronde ; ils repréfentent différens Payfages & Marines : diametre, 11 pouces.

ABRAHAM BLOMAERT.

Peint fur bois , haut 14 pouces , large 10.

343. Deux pendans , l'un repréfente un Payfan qui a caffé des œufs , l'autre une femme qui porte un pot à lait.

ROTTENAMER.

Peint fur cuivre , large 15 pouces & demi., haut 11.

344. La défaite des Centaures aux noces de Piri-thoüs ; ce Tableau, d'une riche compofition & d'un coloris brillant , nous paroît être de Rottena-mer ; & le fond, qui eft un Payfage , par Breugel.

Peint fur bois, haut 13 pouces & demi, large 9 & demi.

345. Un Satyre qui enleve une femme , fujet de la fable ; le fond de ce Tableau eft un Payfage dans le genre de Breugel.

RIMBRAND VAN RHIN.

Peint fur toile , haut 40 pouces , large 33.

346. Le portrait de la Mere de Rimbrand : elle eft repréfentée affife, vue prefque de face, & ijufb'

(63)

d'une fraife au col, d'un habit noir bordé de fourrure ; d'une main elle tient un grand livre enrichi d'or, & de l'autre fes lunettes. Ce Tableau d'une vérité parfaite, & furprenant dans toute fes parties, peut être mis au nombre des plu beaux Ouvrages de ce grand Peintre.

OTTO VENIUS.

347. Le bufte d'un vieillard vénérable ; il eft vu à mi-corps, coëffé d'une calotte pourpre & portant une chappe de même couleur enrichie de broderie d'or.

CORNEILLE DUSART.

Peint fur bois, large 6 pouces, haut 8.

348. L'intérieur d'une Chambre, où une Compagnie de Payfans fe divertiffent ; l'un d'eux, coëffé d'une botte, joue du violon : ce Tableau a la gaieté ordinaire aux Ouvrages de ce Maître.

348 bis. Le Bufte d'une Payfanne vue prefque de profil ; ce Tableau, par le même, eft de forme ovale, peint fur bois, haut 5 pouces, large 4

P. H. WOUVERMANS.

Peint fur toile, haut 21 pouces, large 19.

349. Sur le haut d'un terrein fablonneux & baigne d'une riviere, des Payfans font raffemblés & s'amufent à tirer de l'arc. Dans l'éloignement, & en plan coupé, l'on voit quelques Maifons & baraques de Village ; ce Tableau, dont le fond eft terminé par un ciel vaporeux, eft auffi agréable

agréable que l'on puisse le desirer , & d'une touche la plus spirituelle.

WILLEM VANDEN VELDEN.

Peint sur toile , large 30 pouces , haut 23.

350. Une vue de mer par un tems calme ; on y voit
plusieurs barques & des Matelots occupés à tendre
leurs voiles ; sur un plan éloigné , un vaisseau
garni de ses voiles paroît en saluer un autre
d'un coup de canon. Le devant présente une étendue d'eau transparente & une petite barque dans
laquelle sont deux Pêcheurs qui retirent leurs fi-
lets : ce Tableau est d'une touche ferme & d'un
beau ton de couleur.

NETSCHER.

Peint sur bois , haut 14 pouces , large 12.

351. L'intérieur d'une chambre dans laquelle deux
personnes sont assises près d'une table ; la principale est une jeune Dame occupée à coudre ,
elle est vêtue d'un corset & d'une jupe de satin
garnie d'une dentelle d'argent ; à gauche est une
croisée ouverte & sur l'appui de laquelle on
voit un bouquet dans une caraffe de verre.

DAVID TENIERS.

Peint sur bois , large 13 p. & demi , haut 9 & demi.

352. L'intérieur d'un laboratoire ; l'on y voit un
Chirurgien de village dans l'attitude d'opérer un
Paysan ; à droite, dans l'enfoncement d'une cham-
bre ; un homme se fait arracher une dent ; ce Ta-

E

bleau, rempli d'accessoires analogues & touché avec tout l'esprit qui est inséparable du goût de ce Maître, est d'une couleur très-transparente.

VILLEM MIERIS.

Peint sur bois, haut 11 pouces & demi, large 9 & demi.

353. L'intérieur d'un appartement richement décoré de pilastres en marbre; l'on y voit une Dame assisse, vêtue d'une robe violette & d'une jupe bleue qui présente une piece d'or à un homme assis près d'elle; il est habillé de soie, portant un baudrier & un manteau rouge replié sur son genou : dans l'éloignement, par une porte, l'on apperçoit un vieillard jaloux de cette scene qui porte la main sur son épée; ce Tableau, d'une bonne harmonie de couleur, est aussi d'un grand fini & bien peint.

PALAMEDES.

Peint sur bois, large 20 pouces, haut 16.

354. Un Corps-de-garde, composition de dix figures, dont la principale est un Officier qui semble donner des ordres à des hommes qui sont devant une cheminée; ce Tableau, qui est d'un bon ton de couleur, ressemble dans plusieurs parties à la maniere de Molnaert.

JACQUES RUISDAAL.

Peint sur toile, large 25, haut 20 pouces.

355. Deux Tableaux faisant pendans; l'un repré-

fente la vûe de Skeveling ; on decouvre dans la
mer plufieurs barques , & fur le bord des Gens
de diftinction & des Matelots : l'autre préfente un
rivage borde de dunes fort élevées & une grande
étendue d'eau : on y voit des Matelots qui vont
à une barque qui eft à quelque diftance ; le ciel
qui fe réfléchit dans les Eaux annonce un tems
couvert. Ces deux Tableaux, auffi parfaits que l'on
puiffe les defirer , viennent de la collection de
Monfeigneur le Prince de Conty, nᵖ. 400 , du
Catalogue.

Peint fur bois , large 15 *poucès , haut* 12.

356. Un Payfage, d'un ton de couleur très-vigóu-
goureux & de la touche la plus fpirituelle ; il eft
traverfé de plufieurs chemins fur l'un defquels la
lumiere frappe principalement , plufieurs figures
bien diftribuées ajoutent à l'intérêt de ce Tableau.

SIMON VAN DERDOES

Peint fur toile , large 18 *poucès , haut* 4 *& demi.*

357. Une Payfanne affife & jouant avec un chien ;
plus loin , on voit une vache , deux béliers , un
mouton & des chevres , & en plan coupé eft une
marche de différens animaux : le fond de ce Tableau , qui eft très-fin de couleur, fe termine par
des montagnes & des touffus d'arbres ; il vient de
la collection de feu M. Rendon de Boiffet.

LE PETIT MOYSE.

358. Un Payfage traverfé d'une riviere , & fur le
devant eft un Berger couronné par une Bacchan-

E ij

re ; plus loin à gauche fur un plan élevé, on voit plufieurs vaches : hauteur 11 pouces & demi, large 16 & demi

JEAN MOLNAERT.

Peint fur bois, large 37 pouces, haut 29.

359. Une noce de village, compofition capitale; le fond de ce bon Tableau eft un Payfage d'un fite intéreffant.

JEAN STEN.

Peint fur bois, haut 9 pouces, large 7 & demi.

360. Deux figures de Payfans, vues à mi-corps & & appuyés fur une table ; l'un tient un verre de bierre, & l'autre coupe une carotte de tabac.

JORDAENS.

Peint fur toile, haut 52 pouces, large 36.

361. La Magdelaine qui fe dépouille de fes bijoux ; compofition de quatre figures.

VAREGE.

Peint fur bois, large 9 pouc. & demi, haut 8 & demi.

362. Des Ruines de Monumens, & fur le devant une riviere & plufieurs femmes qui fe baignent.

Peint fur bois, large 14 pouces, haut 11.

363. Un Payfage & Fabriques ; fur le devant on voit des femmes qui fe baignent.

JEAN LEDUC.

Peint fur bois, de forme ovale, large 12 pouces, haut 7 & demi.

364. L'intérieur d'une Chambre, où l'on compte trois figures; la principale eſt une Dame aſſiſe qui paroît ſe faire dire ſa bonne aventure, par un homme ajuſté comme un mendiant.

VAN UDEN.

Peint fur bois, large 6 pouces, haut 4.

365. Deux jolis Payſages des environs de Flandres, & chacun orné de pluſieurs figures.

P. J. VAN ASCH.

Peint fur bois, large 29 pouces, haut 18.

366. Un Payſage coupé de pluſieurs chemins, dans l'un deſquels on voit un Cavalier & deux hommes qui cauſent enſemble; ſur la gauche deux Payſans ſont aſſis & gardent des chevres.

ROMBOURST.

Peint fur bois, large 17 pouces, haut 23.

367. La Vue de pluſieurs Chaumieres entourées d'arbres & baignées d'une riviere; quelques barques & brouſſailles ſont ſur le devant, & deux hommes qui conduiſent un bateau.

E iij

BRECKELMKAMP.

Peint sur bois , haut 20 pouces , large 16.

368. L'intérieur d'une Tabagie ; l'on voit sur le devant un Paysan assis dans un fauteuil , & tenant un verre dans sa main ; devant lui est une petite escabelle , sur laquelle est posé un pot d'étain , du tabac & des pipes ; dans le fond sont un joueur de vielle & autres personnages.

DIFFÉRENS MAITRES.

359. Un Incendie de Village ; l'on voit quantité de Paysans occupés à donner du secours. Ce Tableau est peint par Vander Poel.

370. Une Bataille , par Vandermer ; dans le fond l'on voit une Ville & des Montagnes ; large 12 pouces , haut 9.

371. Une femme qui conduit des vaches, & à gauche un jeune garçon , qui joue avec un chien ; ce Tableau, dans le goût de Jean Miel , est peint sur une toile de 14 pouces de haut , sur 11 de large.

372. Deux différens sujets de Fables , par Boiseau ; haut 33 pouces , large 27.

373. Le Triomphe de Vénus sur les eaux ; la Déesse est accompagnée de Nymphes & de Tritons , & dans le haut plusieurs Amours ; ce Tableau , par Lucas , est peint sur une toile de 42 pouces de haut , sur 35 de large.

374. Un Paysage touché avec goût & d'une bonne couleur ; sur la gauche on voit un chemin où des Cavaliers sont arrêtés , & plus loin une femme

qui tient un chien ; ce Tableau , par un Difci-
ple de Moucheron , eft peint fur bois ; large 23
pouces , haut 17.

375. La Vue d'une Prairie , où l'on voit deux vaches qui fe cornent , & une troifieme qui eft couchée , plus loin des chaumieres ; ce Tableau , dans
le genre de Paul Poter , a des parties rendues
avec beaucoup de fineffe & de vérité ; large 10
pouces , haut 9.

376. Une grande Bataille , genre du Bourguignon ;
large 45 pouces , haut 34 , peint fur toile.

377. Un Tableau repréfentant une Compagnie de
fix perfonnes dans un jardin ; large vingt-trois
pouces & demi , haut 20 , fur toile.

378. Une Bataille ; on voit dans le milieu de ce
Tableau un Moulin , & une Grange enflammée ;
& fur le devant des Cavaliers qui fe battent ; il
eft peint fur toile , & figné P. Wouvermans ;
large 26 pouces , haut 21.

379. Deux Marines & Ports de Mer ; chacun de ces
Tableaux font ornés de plufieurs figures ; l'un repréfente un Soleil couchant ; l'autre un clair de
Lune : ils font d'un bon effet & parfaitement rendus
dans le genre de M. Vernet ; large 38 pouces ,
haut 32 , peints fur toile.

380. Un Payfage , vue d'Italie , dont l'effet annonce un Orage ; l'on y voit des Fabriques & plufieurs figures : ce Tableau , peint fur ardoife ,
paroît être de Francifque Bolognefe ; large 24
pouces , haut 14.

381. Un Payfage , repréfentant des Baigneufes ;
fur le devant du Tableau eft une femme qui trait
un chevre ; large 25 pouces , haut 15.

382. Diane de retour de la Chaffe ; ce Tableau

d'une grande composition, est dans le genre de Rubens: large 35 pouces, haut 25.

383. Un petit Tableau, peint par Breugel, repréfentant différens fruits précieufement rendus : large 10 pouces, haut 7.

384. La Poéfie, repréfentée par une femme, vue à mi-corps; ce Tableau, copie d'après Santerre, est peint fur bois, haut 8 pouces & demi, large 6.

385. La Magdeleine Pénitente, avec fond de Payfage; ce Tableau, dans le genre du Pouffin, est fur une toile de 24 pouces de haut, fur 19 de large.

386. Un Bufte de Vierge ; ce Tableau repréfente deux autres têtes, felon le fens qu'il est regardé.

387. La Chûte de S. Paul ; Tableau de mérite, par un Maître François, & peint fur une toile de 24 pouces de large, fur 30 de haut.

388. Remus & Romulus alaités par une louve ; ce Tableau, par un des meilleurs Difciples de Rubens, est d'une bonne couleur, & peint fur une toile de 46 pouces de haut, fur 49 de large.

389. Deux Payfages, par Vaterlo ; ils font d'une bonne couleur, & d'une touche de goût, dans chacun d'eux il y a quelques figures; large 27 pouces, haut 35.

390. Un Fragment du Cloître des Chartreux, bonne copie d'après le Sueur ; peint fur toile, haut 36 pouces, large 33.

HUITIEME ET DERNIERE VACATION.

EUSTACHE LE SUEUR.

Peint fur toile, large 42 pouces, haut 30.

391. Un Tableau compofé de trois figures principales ; le fujet, qui nous eft inconnu, paroît repréfenter une vifion ; ce morceau bien peint & dans lequel il y a de l'expreffion, laiffe aifément voir la belle maniere de ce grand Peintre.

SEBASTIEN BOURDON.

Peint fur toile, haut 15 pouces, large 13 & demi.

392. Une Efquiffe terminée, dont le fujet paroît être la chûte de Saint Paul.

CHARLES DE LA FOSSE.

Peint fur toile, haut 36 pouces, large 37.

392 bis. Jefus-Chrift, au Jardin des Olives.

LE CHEVALIER VEUGLE.

Peint fur cuivre, haut 9 pouces, large 7.

393. Agar & Ifmaël dans le défert, auxquels l'Ange indique une fource ; ce Tableau, d'un ton de couleur doré, a toute l'expreffion convenable au fujet.

PATEL.

Peint sur toile, large 27 pouces, haut 18.

394. Un Paysage d'Italie, où se voyent les ruines d'un Temple ; plusieurs figures & Animaux ont été placés dans ce bon Tableau ; par Carles Vanloo.

ANTOINE WATTEAU ET PATER.

Peint sur bois, large 23 pouces, haut 18.

395. Une Fête champêtre dans un beau Jardin ; ce Tableau, d'une Ordonnance de composition très-agréable, ne laisse rien à desirer, tant par le beau ton de couleur que par la touche spirituelle ; plusieurs parties font croire que ce Tableau a été commencé par Watteau, & terminé par Pater.

FRANÇOIS LEMOINE.

Peint sur toile, large 30 pouces, haut 24.

396. Un Paysage d'un site pittoresque : on voit sur le devant à droite un petit pont, sur lequel un garçon à cheval paroît en poursuivre un autre ; plus loin, une femme semble en être effrayée ; les figures de ce Tableau sont de Lagrenée le jeune.

CHARLES PAROCEL.

Peint sur toile, large 24 pouces, haut 20.

397. Un Paysage, sur le devant duquel passe un détachement de Cavalerie qui conduit des Prison-

niers de guerre ; ce Tableau , d'un ton de couleur
doré , eſt touché avec tout le goût & l'eſprit
ordinaire à ce Maître.

ANTOINE WATTEAU.

Peint ſur toile , haut 20 pouces & demi , large 17.

398. La vue d'un Jardin : l'on y voit trois perſon-
ſonnes ſe promener , & plus loin un enfant.

M. PIERRE.

Peint ſur toile , haut 23 pouces , large 18,

398 *bis.* Hercule qui fait manger Diomede par ſes
propres chevaux ; ce Tableau , d'une grande force
de couleur , eſt d'une touche ferme.

CASANOVA.

Peint ſur toile , haut 37 pouces , large 29.

399. Un rendez-vous de chaſſe , où l'on voit pluſieurs Cavaliers & une Dame à cheval qui tient
un petit chien ; divers gibiers ſont ſur le devant
de ce Tableau , dont le fond eſt un payſage d'une
touche ferme & d'un coloris brillant.

DU MÊME.

Peint ſur toile , large 15 pouces , haut 13.

400. Un ſite montagneux où pluſieurs gens ſont
arrêtés ; d'autres conduiſent des chevaux par différens chemins ; ce Tableau , d'une compoſition
intéreſſante , eſt d'un ton de couleur agréable
qui eſt ordinaire à ce Maître.

DE MACHI.

401. Deux Efquiffes fur papier, l'une repréfente l'intérieur d'une prifon, l'autre des Ruines d'architecture.

HUBERT ROBERT.

Peint fur toile, large 13 pouces, haut 10.

402. Une vue, d'après nature, de l'une des Eclufes du côté de Moret ; le fond de ce Tableau eft terminé par des prairies & lointains de Montagnes, fur le devant, un homme eft endormi, ayant fon chien près de lui.

FRANÇOIS HUE.

Peint fur toile, large 30 pouces, haut 21.

403 Une vue des environs de Fontainebleau, on y voit plufieurs Chaffeurs qui fe rafraîchiffent fous un arbre, & fur le devant deux Blanchiffeufes : diverfes autres figures & des Animaux bien diftribués rendent ce Tableau intéreffant.

404. Deux Payfages rendus avec autant de vérité que le précédent : ils font ornés de quelques figures.

P. P. RUBEINS.

Peint fur bois, large 32 pouces, haut 26.

405. Une compofition de quatres figures ; fujet allégorique : ce morceau, efquiffe d'une grande force de couleur, eft auffi d'une touche ferme & favante.

ROTTENAMER.

Peint fur cuivre, large 8 pouces, haut 6.

406. Diane au bain, accompagnée de cinq de fes Nymphes; dans l'éloignement, l'on y voit Actéon dans le mouvement de vouloir s'approcher : des lointains de verdure, & de hautes montagnes terminent le fond de ce beau morceau, dont le favant pinceau, & le beau ton de couleur ne cédent rien aux ouvrages des plus grands Maîtres.

PAUL BRIL.

Peint fur toile, large 28 pouces, haut 21.

407. Un Payfage montagneux, & des fabriques ; à droite, on voit un Berger conduifant un troupeau de bœufs à une riviere qui occupe le devant, plus loin font trois Chaffeurs qui guettent des canards.

BREUGEL, dit DE VELOURS.

Peint fur cuivre, large 7 p. & demi, haut 5 & demi.

408. La vue d'un grand chemin dans un pays très-étendu ; fur le devant, paffent deux chariots conduits par des payfans & autres perfonnages : à l'extrémité du haut, l'on voit une autre chariot & un autre Cavalier ; dans l'éloignement à gauche, une ville & de vaftes lointains ; ce Tableau, d'une perfpective admirable, donne une jufte idée de la beauté des campagnes de Flandres.

DAVID TENIERS.

Peint fur toile, large 12 pouces, haut 8.

409. Deux Tableaux très-bons de ce Maître, & du plus beau ton de couleur; l'un connu fous le titre de l'écaille de moule, repréfente un homme devant fa brouette, fur laquelle eft un panier rempli de ces coquillages; fur le fecond plan on voit une Maifon de Payfans, d'où fort une femme tenant un feau à la main; derriere elle, eft un homme en bonnet rouge, & dans le lointain quelques chaumieres & des arbres. Le pendant repréfente l'intérieur d'une chambre, où l'on voit un homme affis fur un billot, une main paffée dans fa vefte, de l'autre il tient fa pipe & paroît s'endormir; devant lui fur une table font une cruche, un grand verre & un linge; dans le fond, deux payfans font près d'une cheminée, à laquelle une Femme fe chauffe; quelques uftenfiles de ménage meublent divers côtés de ce Tableau, qui eft d'une fineffe égale au précédent.

WILLEM MIERIS.

Peint fur bois, large 10 pouces, haut 8.

410. Silvie délivrée par Aminte; dans l'éloignement on voit ce Berger pourfuivant le Satyre qui avoit attaché cette Femme à un arbre; le fujet de ce Tableau tiré du Taffe, eft rendu avec beaucoup de fineffe & d'expreffion.

GODEFROY SCALKEN.

Peint sur bois.

411. Une jeune Femme, vue à mi-corps par une croisée, sur l'appui est posé un coussin de velours pourpre; elle est coëffée en cheveux, & vêtue d'un corset jonquille, tenant d'une main un couteau, au bout duquel est un morceau de citron, & de l'autre elle tient un plat; une partie de rideaux se remarque dans le haut. Ce tableau, qui est éclairé au jour, est un des agréables & des mieux peints de cet habile Artiste.

ADRIEN VAN OSTADE.

Peint sur bois, large 12 pouces & demi, haut 9 & demi.

412. La vue d'un Village Hollandois, où l'on voit à droite un cabaret, à la porte duquel deux Paysans sont assis & parlent à une femme qui tient son enfant dans ses bras; sur la gauche est une tour, au bas de laquelle est pratiquée une cheminée, où se chauffent des mendians, & auprès d'eux est un homme monté sur des échasses. Ce Tableau, d'un effet juste & piquant, est touché avec beaucoup de goût.

JSAAC OSTADE.

Peint sur bois, large 16 pouces, haut 12.

413. Une vue de Hollande en hiver; le milieu est traversé d'une riviere, sur laquelle on voit beaucoup

de patineurs & de traîneaux ; fur la gauche on
voit un Village, vers lequel un Payfan conduit fon
traîneau attelé d'un cheval blanc, le fond eft un
lointain clair & d'un effet piquant ; ce morceau
eft un des plus agréables de ce Maître, tant par
la touche fpirituelle, le bon ton de couleur, que
par les richeffes de détails qu'il raffemble.

CORNEIL POELINBURG.

Peint fur bois, large 15 pouces, haut 11.

414. Une vue des environs de Rome ; à droite, fu
un rocher, font des ruines de monumens, formant des habitations de Payfans ; à gauche, fu
le devant eft un grouppe de dix figures fujet d'hiftoire. Le fond de ce bon Tableau eft terminé pa
des prairies, quelques fabriques & des lointain
de montagnes parfaitement d'accord avec le cie
qui eft d'un ton frais

JACQUES RUISDAAL.

Peint fur toile, large 19 pouces, haut 13.

415. Un Tableau, dont la droite eft occupée pa
une montagne, & fur le haut différens grouppe
d'arbres, à côté defquels paffe un chemin où l'o
voit un Berger qui conduit fon troupeau. Le fe
cond plan eft une côte garnie d'arbres, & fu
le devant, une chûte d'eau, formant un lac o
un homme s'occupe à pêcher à la ligne.

RUISDAAL.

Peint fur bois, large 22 pouces, haut 15.

416. La vue d'un bois ; en raccourci ; on voit à droite
u

un chemin, montant à un côteau, & sur léquel
est une marche de différens animaux. Ce Tableau,
d'une composition simple, & de la plus grande
vérité, est enrichi de plusieurs figures bien distribuées.

Peint sur bois, haut 12 pouces, large 12.

417. Des Chaumieres au bord d'un canal; dans le milieu l'on voit deux saules, & en plan coupé trois
Paysans qui causent ensemble. Ce Tableau, ra-
goûtant de couleur, est aussi d'un effet juste &
piquant.

JEAN WINANTZ.

Peint sur toile, large 30 pouces, haut 24.

418. Deux Paysages, faisant pendans; l'un, dont
l'effet présente une belle matinée, est richement
garni d'arbres & coupé de prairies qui conduisent
à des lointains intéressans; l'autre, très-vigoureux
de couleur, est un Soleil couchant; chacun de ces
Tableaux sont ornés de figures & animaux, par
Lingelback.

JEAN GLAUBERT.

Peint sur toile, large 16 pouces, haut 13 & demi.

419. Un beau Paysage des environs de Rome; à
droite l'on apperçoit dans l'éloignement le Temple
de Tivoly sur une hauteur garnie d'arbres & de
broussailles; le devant de ce Tableau, d'un bon
ton de couleur, est orné de figures, par Gérard
Lairesse.

F

Peint fur toile, large 25 pouces, haut 18.

420. Un autre Payfage, par le même ; & parfaitement dans le genre du Gafpre : l'on y voit différentes fabriques, & fur le devant plufieurs figures, dont un homme qui frappe un cheval, &
plus loin une femme qui porte un paquet fur
fa tête.

JEAN MOLNAERT.

Peint fur bois, haut 11 pouces, large 8.

421. Un fujet de quatre figures dans une chambre ;
l'on y voit une femme qui dupe un vieillard,
avec lequel elle joue, au moyen d'un miroir que
tient un homme placé derriere la chaife du joueur.
Ce Tableau, d'un très-bon ton de couleur, eft
plein de caractere & un des meilleurs de ce
Peintre.

ISAAC MOUCHERON.

Peint fur bois, large 20 pouces, haut 15 & demi.

422. Un Payfage, dont la droite préfente un côteau garni d'arbres & de brouffailles ; dans le milieu paffe une riviere, & fur le devant un chemin
où plufieurs belles figures placées par Adrien Vandenvelden, augmentent l'intérêt de ce Tableau,
dont la droite eft occupée par une maffe d'arbres.

LE CHEVALIER DUTRECHT.

Peint fur bois, large 14 pouces, haut 11.

423. Une vue du Rhin ; à droite on voit de grands

rochers, & fur le devant quantité de figures & des barques. Des lointains bien entendus découvrent une grande étendue de Pays.

VEROTTER.

Peint fur cuivre, large 9 pouces, haut 7.

424. La vue d'un canal, à la droite duquel font des moulins à vents, & dans le lointain un Village ; ce Tableau, dont l'effet eſt un clair-de-lune , eſt orné fur le devant d'une barque & de pluſieurs figures.

MOUCHERON.

Peint fur bois , large 14 pouces, haut 10.

425. Un Payſage , vu au ſoleil couchant ; il eſt orné de figures, par Vandenvelden.

SALOMON RUISDAAL.

Peint fur bois , large 20 pouces, haut 14.

426. Un Payſage , des chaumieres & quelques figures.

PAR UN MAITRE ALLEMAND.

Peint fur toile , large 31 pouces, haut 19.

427. Deux pendans , repréſentans différens ſujeṭs de batailles , & dans les fonds pluſieurs chocs de cavalerie ; ces deux morceaux, dans leſquels il y a de l'action, font auſſi d'une bonne couleur.

MINIATURES.

428. Le buſte d'une jeune demoiſelle, vue de trois quarts, & coëffée en cheveux, dans leſquels paſſe un ruban qui tient un bouquet de roſes; ce morceau, peint en miniature par M. Hall, eſt de la touche la plus ſavante & de goût que l'on puiſſe employer en ce genre.

429. Le buſte de Flore; ce joli morceau eſt peint en émail, par M. Courtois.

430. La coupeuſe de choux, miniature d'après Santerre.

DIFFÉRENS MAITRES.

431. Deux Tableaux, que l'on croit de Marco Ricci; ils font pendans; l'un repréſente Salomon qui encenſe les Idoles; l'autre la Reine de Saba qui vient viſiter Salomon.

432. Un buſte de jeune fille; elle eſt coëffée d'un bonnet rond noué d'un ruban, & habillée d'un corſet brun; la gorge en partie couverte d'un fichu de gaze; ce Tableau, dans lequel il y a de la fraîcheur, eſt rendu avec la vérité convenable à ce genre, par M. François.

433. Deux grands Payſages, librement touchés, par un Maître Italien, & dans chacun quelques figures. Peint ſur toile, large 46 pouces, haut 26.

434. Une vue de Mer & quelques barques; ce

Tableau, dans le genre de Backuifen, eft fur une toile, de 19 pouces de large, fur 15 de haut.

435. Un fujet de bataille avec fond de Payfage; ce Tableau, d'une touche fpirituelle, eft peint par le Honnte; largeur 44 pouces, haut 31, peint fur toile.

436. Deux pendans, genre de Louterbourg; l'un repréfente une marine, l'autre un pont de pierre, où paffent des maraudeurs qui préfentent le piftolet à une femme qui conduit des beftiaux.

437. Un intérieur d'Eglife, & figures, par Pierre Neefs.

438. La Madeleine pénitente; ce Tableau, par un bon Maître Italien, eft peint fur toile; haut 22 pouces, large 20.

439. La vue d'un grand Village de Flandres, au milieu duquel paffe un canal; ce Tableau, par un des Breugel, eft orné de quantité de figures & de chariots; large 47 pouces, haut 28, peint fur toile.

440. Un combat naval entre des Indiens & des Européens; largeur 52 pouces, fur 28.

441. Une fabrique qui paroît être un moulin à eau, & différentes baraques entourées d'arbres, fur le devant paffe un cavalier; ce Tableau, qui eft d'un bon ton de couleur, eft orné de plufieurs petites figures touchées avec efprit: par Molnaert.

442. La tentation de Saint-Antoine, compofition plaifante, par Abraham Teniers; large 24 pouces, haut 18, peint fur bois.

443. La Peinture & la Mufique repréfentée par des enfans, deux pendans, d'après Deshayes; large 14 pouces, haut 17.

444. Une corbeille remplie de fleurs, & pofée fur une table de pierre; large 15 pouces, haut 12.

445. Deux pendans repréfentans des légumes &
fruits ; large 8 pouces, haut 6.

446. Un bufte d'homme coëffé d'un chapeau, &
pour pendant une tête de vieillard ; haut 5
pouces & demi, large 4.

447. Différens vafes & fruits, dans la maniere de
Jean de Heme.

448. Deux pendans repréfentans des intérieurs de
chambres & des Payfans occupés à boire & fumer,
genre de Teniers ; haut 7 pouces, large 6.

449. Plufieurs portraits de Louis XV, Madame de
Pompadour, & différentes têtes de fantaifies qui
feront détaillés.

450. Différens Tableaux & autres objets qui feront
détaillés.

451. Bordures de différentes grandeurs qui feront
vendues par lots.

452. Une pendule renfermée dans un grand vafe
de bronze doré d'or moulu, pofée fur un focle de
marbre blanc, orné de bronzes auffi dorés d'or
moulu.

* Plufieurs Payfages, fujets d'hiftoire & marine qui
feront divifés dans chaque vacation.

F I N.

Lu & approuvé le préfent Catalogue, ce 6 Novembre 1778.   COCHIN.

Vu l'Approbation : Permis d'imprimer, ce 7
Novembre 1778.   LE NOIR.

De l'Imprimerie de GRANGÉ, rue de la Parcheminerie.

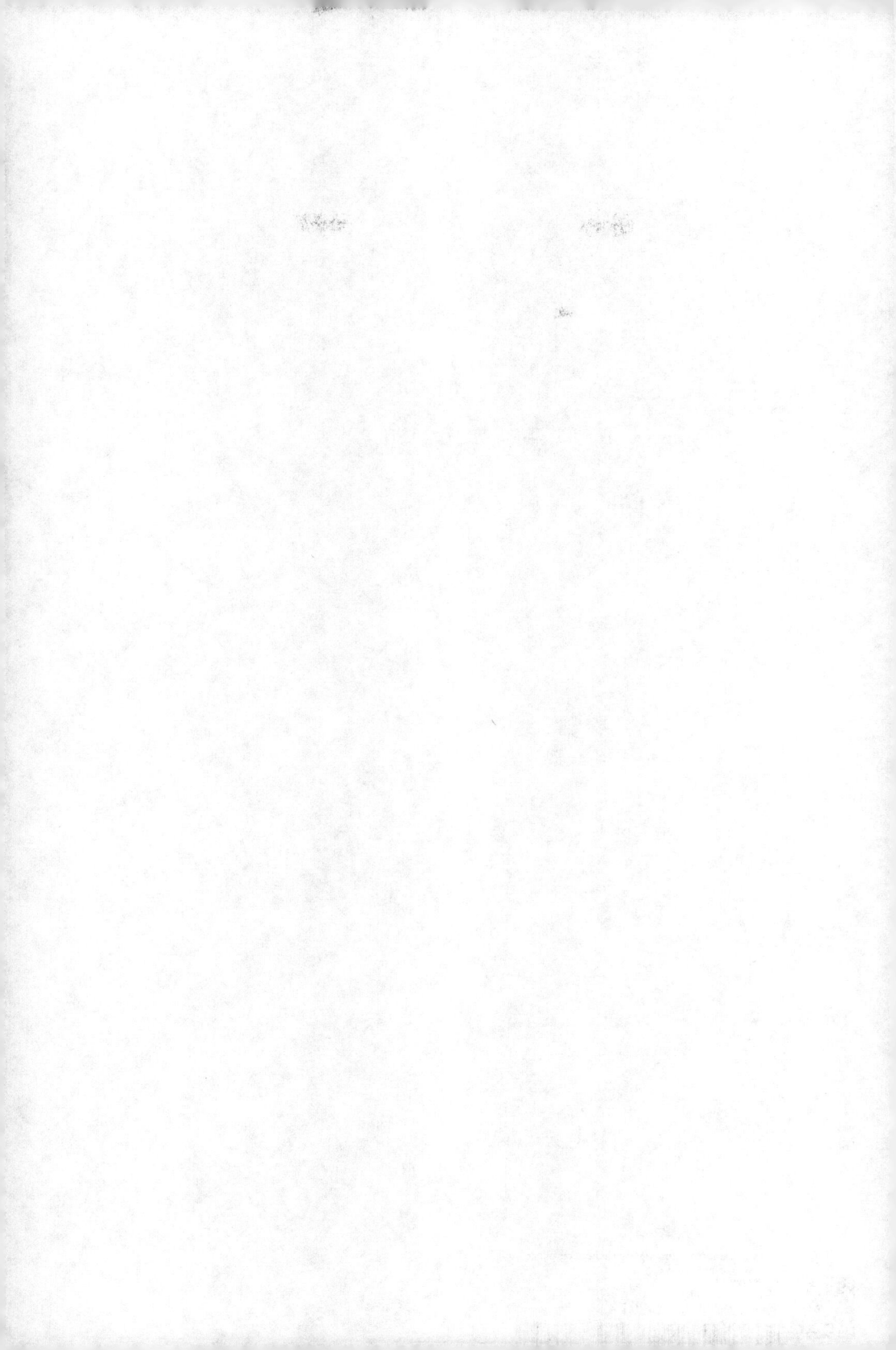

www.ingramcontent.com/pod-product-compliance
Lightning Source LLC
LaVergne TN
LVHW052105090426
835512LV00035B/994